주 의

- 이 책은 괴기스러운 생물의 생김새에만 흥미를 갖게 하는 것이 아니라, 생물의 생태와 생존 방식을 알아보고 생물다양성을 이해하는 것을 목적으로 한다.

- 괴기 생물의 생김새를 최대한 자세히 볼 수 있도록 특징 부분을 담은 사진과 전체 모습을 담은 일러스트를 수록했다. 현재 존재하지 않는 멸종 동물의 경우는 실물 사진 대신 화석 사진을 수록했다.

- 이 책에는 우리나라에 잘 알려지지 않은 여러 동물들이 등장한다. 백과사전 등에 명확하게 등재되어 있지 않은 동물의 경우, 저술가의 의견에 따른 동물 명칭으로 표시하였다.

カラー版　鳥肌スクープ！怪奇生物図鑑

Copyright © 2016 by Creative-Sweet
Original Japanese edition published by Takarajimasha, Inc.
Korean translation rights arranged with Takarajimasha, Inc.
Korean translation rights © 2018 by Glsongi Co., Ltd.
Korean translation rights arranged with Takarajimasha, Inc.
Through Carrot Korea Agency

이 책의 한국어판 저작권은 캐럿 코리아 에이전시를 통한 저작권자와의 독점 계약으로 ㈜글송이에 있습니다. 저작권법에 의하여 한국 내에서 보호를 받는 저작물이므로 무단 전재와 무단 복제를 금합니다.

2024년 8월 20일 초판 8쇄 펴냄

지음 · 크리에이티브·스위트
옮김 · 이진원

펴낸이 · 이성호
펴낸곳 · ㈜글송이

편집 / 디자인 · 임주용, 최영미, 한나래
마케팅 · 이성갑, 윤정명, 이현정, 문현곤, 이동준
경영지원 · 최진수, 이인석, 진승현

출판 등록 · 2012년 8월 8일 제 2012-000169호
주소 · 서울시 서초구 능안말 1길 1(내곡동)
전화 · 578-1560~1 **팩스** · 578-1562
이메일 · gsibook01@naver.com

ISBN 979-11-7018-407-2　74490
　　　979-11-7018-400-3　(세트)

* 이 도서의 국립중앙도서관 출판시도서목록(CIP)은 서지정보유통지원시스템 홈페이지 (http://seoji.nl.go.kr)와 국가자료공동목록시스템 (http://www.nl.go.kr/kolisnet)에서 이용하실 수 있습니다.(CIP 제어번호 : CIP2018001918)

들어가는 글

괴상하고 놀라운 생물의 세계!

지구상에는 얼마나 많은 종류의 생물이 살고 있을까? 과학자들은 870만 종 이상의 생물이 지구상에 존재한다고 추정하고 있다. 지금까지 발견된 생물은 약 125만 종이며, 그중 10% 정도만이 사람들에게 잘 알려져 있다고 한다.

《최강왕 괴기 생물 대백과》는 잘 알려지지 않은 생물 중에서 외모가 괴상하거나 습성이 독특한 생물들을 모아 모습과 생태를 소개한다. 발견된 지 얼마 되지 않았고, 생태나 습성이 명확히 밝혀지지 않은 희귀한 생물도 수록하였다. 대부분이 현재 생존하는 생물들이고, 과거에는 존재했으나 지금은 멸종하여 사라진 생물을 포함하여 모두 80종의 생물을 소개하고 있다.

80종의 괴기하고도 희귀한 생물의 모습을 생생한 사진과 세밀한 일러스트로 보여 주어서 얼마나 괴기스러운지 한눈에 확인해 볼 수 있다.

자연 개발로 인한 환경 오염 때문에 해마다 수만 종의 생물이 지구상에서 사라지고 있다고 한다. 생물다양성의 손실은 생태계를 위협하고 결국 인간의 생존까지도 위협하게 된다. 우리는 이러한 위협에 대비해 생물다양성을 이해하는 등의 노력을 통하여 자연을 보존해야 한다. 어린이들이 더 많은 생물의 습성과 생물다양성의 중요성을 깨닫는 데 이 책이 도움이 되기를 바란다. 이 책을 손에 들고 있는 여러분에게 이렇게 말해 주고 싶다.

"신기한 생물의 세계로 오신 것을 환영합니다!"

이 책의 구성

• 괴기 생물 소개

① **동물 분류**: 동물의 분류를 소개한다.
②③ **동물 이름과 학명**: 동물 이름과 라틴어 학명을 소개한다.
④ **동물 사진**: 생생한 사진으로 자연 속 동물의 모습을 소개한다.
⑤ **동물 정보**: 동물의 분류, 먹이, 특징 등을 소개한다.
⑥ **동물 소개**: 동물에 관한 주요 생태와 습성을 소개한다.
⑦ **동물 일러스트**: 그래픽 일러스트에 동물의 특징을 담아 소개한다.
⑧ **동물 서식지**: 세계 지도에 주요 서식지를 나타낸다.
⑨ **크기 비교**: 사람의 신체와 동물의 크기를 비교하고, 몸길이를 소개한다.

• 최강 괴기 생물

이 책에 나오는 괴기 생물들을 8가지 주제로 나누어 주제별로 1위~5위까지 소개한다. 그리고 각 생물이 선정된 이유와 특징을 알려 준다.

차례

들어가는 글 ---------4
이 책의 구성 ---------5

1장 공포의 육지왕

악마의 사자로 불리는 원숭이
아이아이원숭이 ---------10

앞다리로만 기어 다니는 식인 도마뱀
멕시코몰리자드 ---------12

가슴에 하트 무늬가 있는 원숭이
겔라다개코원숭이 ---------14

걸어 다니는 거대한 솔방울
천산갑 ---------16

피 눈물을 쏘는 도마뱀
사막뿔도마뱀 ---------18

지하를 누비는 벌거숭이 쥐
벌거숭이뻐드렁니쥐 ---------20

코 모양이 독특한 희귀 두더지
별코두더지 ---------22

온몸이 창백한 도롱뇽붙이
동굴도롱뇽붙이 ---------24

공포의 새빨간 입
자이언트리프테일 ---------26

가장 소름 돋게 생긴 동물 ------28

2장 위험한 곤충왕

독가스를 내뿜는 거대 노래기
아프리카자이언트노래기 ----30

가장 소름 돋는 동물
팔벌레 ---------32

기다란 도깨비 뿔을 가진 거미
긴뿔도깨비거미 ---------34

다리에 작은 발톱이 달린 벌레
발톱벌레 ---------36

가장 목이 긴 곤충
기린목바구미 ---------38

혐오감을 주는 수많은 다리
그리마 ---------40

온몸을 덮은 하얀 분비물
흰가루깍지벌레 ---------42

가는 다리로 감지하는 거미
통거미 ---------44

적의 공격을 막는 작은 가시
가시거미 ---------46

화려한 꽃으로 위장하는 사마귀
악마꽃사마귀 ---------48

악마의 뿔을 가진 거대 애벌레
히코리혼드데블 ---------50

식물의 수액을 빨아 먹는 털북숭이
선녀벌레유충 ---------52

외계 생명체를 닮은 애벌레
재주나방유충 ---------54

수많은 다리가 달린 지네의 왕
아마존왕지네 ---------56

낙타의 뱃살을 뜯어 먹는 동물
낙타거미 ---------58

날개가 없는 초대형 바퀴벌레
마다가스카르휘파람바퀴 --60

그물을 던져 먹이를 잡는 사냥꾼
왕눈이거미 ---------62

낙엽을 흉내 내는 위장술의 달인
왕관사마귀 ---------64

문화를 파괴하는 은빛 악마
서양좀 ---------66

가장 강력한 생물 ---------68

3장 신기한 비행왕

털이 많이 난 파리
털파리 ---------70

늘었다 줄었다 하는 눈자루
대눈파리 ---------72

붉은색의 기다란 코
칸델라리아뿔매미 ---------74

쭈글쭈글한 마녀의 얼굴
주름얼굴박쥐 ---------76

악마의 뿔이 난 곤충
초승달뿔매미 ---------78

악어 얼굴을 달고 다니는 곤충
악어머리뿔매미 ---------80

미스터리한 4개의 혹
네혹뿔매미 ---------82

뱀의 머리를 가진 나방
아틀라스산누에나방 ---------84

가장 위험한 생물 ---------86

4장 오싹한 바다왕

바다에 사는 흡혈 사슴벌레
바다사슴벌레 ---------88

독침을 가진 바다의 송충이
노란풀양목갯지렁이 ---------90

해저에 숨어 있는 어둠의 왕
악어물고기 ---------92

머리 없는 바다뱀처럼 생긴 해삼
큰닻해삼 ---------94

물고기를 잡아먹는 초대형 갯지렁이
왕털갯지렁이 ---------96

독을 내뿜는 푸른 관해파리
작은부레관해파리 ---------98

독을 품은 화려한 돌기
흑갯민숭달팽이 ---------100

물고기 입안에 사는 기생충
렉사넬라 베루코자 ---------102

날렵한 몸매의 숨바꼭질 달인
도끼고기 ---------104

톱날 같은 뿔이 달린 게
화살게 ---------106

갑자기 나타나는 괴생명체
사르케스틱 프린지헤드 ---------108

날카로운 톱날을 가진 가오리
톱가오리 ---------110

꽃 모양의 투명한 바다 동물
잎갯민숭이 ---------112

강력한 펀치를 자랑하는 권투 선수
공작갯가재 ---------114

야자열매 껍데기도 깨는 집게
코코넛크랩 ---------116

바닷속 변신의 천재
흉내문어 ---------118

나뭇잎으로 위장한 바다 동물
나뭇잎해룡 ---------120

절대 떨어지지 않는 입
칠성장어 ---------122

가장 똑똑한 생존 전략 ---------124

5장 희귀한 심해왕

거대 공벌레처럼 생긴 심해 생물
기대등각벌레 ---------126

붉은빛을 내는 심해 생물
빗해파리 ---------128

세상에서 가장 못생긴 동물
블로브피시 ---------130

바닷속을 걸어 다니는 붉은 입술
붉은입술박쥐고기 ---------132

어두운 심해를 항해하는 우주선
마루스 오르토칸나 ---------134

강한 독을 가진 심해 표범
파란고리문어 ---------136

무엇이든 빨아들이는 블랙홀
풍선장어 ---------138

거대한 입을 가진 원시 상어
넓은주둥이상어 ---------140

심해에 사는 초대형 갈치
산갈치 ---------142

가장 깊은 바다에 사는 생물 -----144

6장 끔찍한 습지왕

눈으로 최면을 거는 듯한 개구리
고스트유리개구리 ---------146

아프리카에 사는 거대 개구리
골리앗개구리 ---------148

악어도 덮치는 살인 물고기
골리앗타이거피시 ---------150

어둠을 비추는 고양이 눈
유럽무당개구리 ---------152

등에 알을 품는 희귀 개구리
피파개구리 ---------154

잘린 부분에서 몸이 자라는 동물
플라나리아 ---------156

다른 생물의 뇌를 지배하는 기생충
레우코클로리디움 파라독섬 -----158

가장 끈적거리는 생물---------160

7장 신기한 멸종왕

5개의 눈을 가진 멸종 동물
오파비니아 레갈리스 ---------162

캄브리아기 바다의 절대 왕자
아노말로카리스 카나덴시스 -----164

걸어 다니는 가시 방망이
할루키게니아 ---------166

땅 위를 기어 다니는 솔방울
위왁시아 ---------168

두 쌍의 날개를 가진 공룡
미크로랍토르 ---------170

육중한 초특급 몬스터
메가테리움 ---------172

주걱턱이 달린 고대 코끼리
플라티벨로돈 ---------174

회전 톱날 이빨을 가진 상어
헬리코프리온 ---------176

공룡 멸종 후 왕좌에 오른 새
티타니스 ---------178

네 다리로 헤엄치는 고래
암블로세투스 ---------180

가장 기대한 생물---------182
가장 별나게 생긴 생물 -------183

색인 ---------184

1장 공포의 육지왕

땅속 또는 땅 위에 서식하는 괴기 생물들의 신기한 생김새와 놀라운 생존 능력 등을 알아본다.

포유류

악마의 사자로 불리는 원숭이
아이아이원숭이

Daubentonia madagascariensis

해가 지면 활동하는 야행성으로 어둠 속에서 눈이 빛난다.

계속 자라는 앞니
앞니가 계속 자라기 때문에 갈거나 부러져도 문제없다.

기다란 가운뎃손가락
가운뎃손가락에 뾰족한 갈고리모양 발톱이 있다.

| 분류 | 척추동물>포유류>영장목 | 먹이 | 곤충, 과일, 버섯 |

특 징 이 원숭이를 본 사람이 지른 소리에서 이름이 유래되었다.

아이아이원숭이는 어둠 속에서 빛나는 눈과 박쥐 같은 귀를 가진 야행성 원숭이이다. 실제로 보면 매우 혐오감을 주는 외모 때문에 아프리카 마다가스카르의 사람들은 아이아이원숭이를 '악마의 사자'라고 부르며 싫어한다고 한다.
주로 곤충을 집아먹는 아이아이원숭이는 귀를 나무에 바짝 붙이고 벌레가 움직이는 작은 소리로 위치를 파악한다. 그리고 앞니를 이용해 단단한 나무를 갉아 낸 다음 기다란 손가락으로 안에 들어 있는 벌레를 파내 먹는다. 공포스럽게 생긴 동물이지만 자신의 새끼를 기를 때는 애정을 쏟으며, 젖을 뗀 후에도 한동안 함께 생활한다.

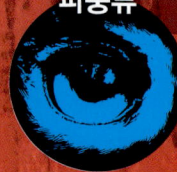

파충류

멕시코몰리자드

앞다리로만 기어 다니는 식인 도마뱀

Bipes biporus

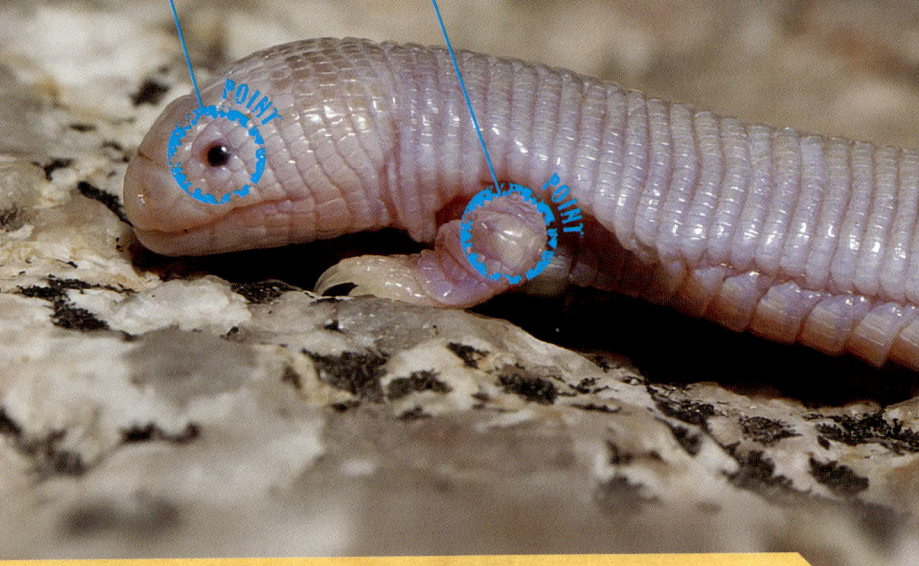

귀여운 얼굴을 하고 있지만 눈은 퇴화했고 이빨이 매우 날카롭다.

작은 앞다리
앞다리를 귀로 잘못 보고 '큰 귀의 작은 도마뱀'이라 불리기도 한다.

스스로 자르는 꼬리
꼬리를 스스로 자를 수 있지만, 잘린 꼬리가 다시 자라지는 않는다.

분류 척추동물>파충류>뱀목	**먹이** 곤충, 지렁이, 도마뱀
특징 지렁이와 비슷하게 생겼고, 뱀으로 진화 중이라는 의견도 있다.	

멕시코몰리자드는 지렁이처럼 돌 밑이나 흙 속 등 습기가 많은 곳에 사는 도마뱀이다. 사는 곳뿐만 아니라 생김새까지 지렁이를 매우 닮아 '지렁이도마뱀'이라는 별명이 붙여졌다. 하지만 지렁이와 달리 앞다리를 가지고 있다. 짧은 앞다리만을 이용해 앞으로 나아가는 모습이 마치 다리가 떨어져 나간 좀비가 쫓아오는 것처럼 공포스럽게 보인다고 해서 현지인(그 지역에 사는 사람)들은 '식인 지렁이'라고 부르며 무서워했다고 한다. 하지만 실제로는 사람을 공격하지 않을 뿐만 아니라 아무런 해도 주지 않으며, 생태에 관한 자세한 사항이 아직 알려지지 않은 동물이라고 한다.

"지렁이도마뱀이 나타났다!"

귀여운 얼굴에 숨겨진 비밀!

서식지
멕시코 바하칼리포르니아 반도

몸길이 20cm

포유류

겔라다개코원숭이

가슴에 하트 무늬가 있는 원숭이

Theropithecus gelada

가슴에 있는 붉은색 무늬는 번식기가 되면 크게 부풀어 오른다.

두꺼운 엉덩이
하루의 대부분을 앉아서 보내므로 엉덩이의 지방층이 두껍게 발달했다.

분 류	척추동물>포유류>영장목
먹 이	잡초
특 징	수컷 1마리와 암컷 3~6마리가 무리를 지어 생활한다.

겔라다개코원숭이는 사람을 제외한 모든 영장류(물건을 잡을 수 있는 손과 발이 있는 척추동물) 가운데 육지 생활에 가장 잘 적응한 동물로 알려져 있다. 하루 종일 앉은 채로 풀을 먹으며 생활하기 때문에 엉덩이의 지방층이 매우 두껍고 사람처럼 진화하였다.
고가 매우 짧고 코끝에는 작은 콧구멍 두 개가 정면을 향하여 있다. 가슴에는 하트 모양의 무늬가 있는데, 이 무늬는 번식기가 되면 붉은색이 짙어지고 크게 부풀어 오른다.
주로 땅 위에서 생활하며 가끔 나무에 오르기도 한다. 밤에는 동굴이나 바위 틈에서 잠을 자고 새벽부터 활동을 시작한다고 한다. 무리를 지어 생활하며 주로 나뭇잎이나 풀 등을 먹는다.

망토처럼 긴~ 털!

멸종 위기 직전의 희귀 원숭이!

1 육지
2 곤충
3 비행
4 바다
5 심해
6 습지
7 멸종

서식지
에티오피아 고원 지대

몸길이
50~70cm

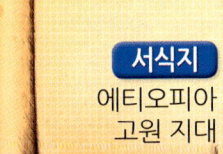

포유류

걸어 다니는 거대한 솔방울

천산갑

Manis pentadactyla

방어 자세
위험이 닥치면 몸을 둥글게 말아 방어한다.

날카로운 비늘
털이 진화하여 생긴 비늘은 칼날처럼 날카롭고 예리하다.

몸을 둥글게 만 모습

냄새를 뿜는 꼬리
스컹크처럼 지독한 냄새를 뿜어 적을 공격한다.

분 류 척추동물>포유류>유린목	**먹 이** 개미, 흰개미
특 징 파충류처럼 생겼지만 배와 다리 안쪽에 털이 나 있다.	

만일 숲속에서 거대한 솔방울이 걸어가는 모습을 보게 된다면, 그것은 틀림없이 천산갑일 것이다. 어두운 갈색 비늘로 덮여 있는 천산갑은 '갑옷을 걸친 동물'로 불리는 아르마딜로와 비슷하게 생겼다. 천산갑의 비늘은 매우 날카로운데, 아르마딜로의 것이 갑옷이라면 천산갑의 것은 칼이라고 할 수 있을 만큼 매우 날카롭다. 그렇기 때문에 잘못 손을 대었다가는 다칠 수 있다. 하지만 성격이 온순한 편이라 먼저 공격하지는 않는다고 한다. 주로 개미를 먹는 천산갑은 양손으로 개미집을 부수고 긴 혀를 이용해 개미를 잡아먹는다. 개미를 먹는 모습이나 사냥 방법이 개미핥기와도 비슷하다고 한다.

"경고!" 절대 만지지 마시오!

날카로운 철벽 방어 비늘로!

1 육지
2 곤충
3 비행
4 바다
5 심해
6 습지
7 멸종

서식지 동아시아~동남아시아

몸길이 60cm

파충류

사막뿔도마뱀
피 눈물을 쏘는 도마뱀

Phrynosoma platyrhinos

길게 늘어나는 혀
카멜레온처럼 길게 늘어나는 혀로 개미를 잡아먹는다.

눈 옆에 있는 분출구에서 핏물이 나온다.

POINT

분류	척추동물>파충류>뱀목
먹이	개미 등의 작은 곤충, 과일
특징	적이 나타나면 핏물을 최대 1m까지 쏠 수 있다.

뿔도마뱀과에 속하는 동물들은 주로 북아메리카부터 중앙아메리카에 걸쳐 분포한다. 그중 사람들에게 가장 잘 알려진 뿔도마뱀은 건조 지대에 서식하는 사막뿔도마뱀이다. 사막뿔도마뱀은 거칠고 사나워 보이는 생김새와 달리 성격이 온순한 편이라고 한다. 주로 개미를 잡아먹고 살며 때로는 과일을 먹기도 한다.
사막뿔도마뱀은 겁쟁이 같은 면도 있어서 적이 나타나면 일단 도망을 친다. 그래도 위험을 벗어나지 못하면 몸을 부풀려 적을 위협한다. 더 이상 도망칠 수 없는 상황이 되면 눈에서 지독한 냄새와 함께 자신의 피를 뿜어 적을 공격한다.

피융?!

소름 돋는 **오싹한 생김새!**

| 1 육지 |
| 2 곤충 |
| 3 비행 |
| 4 바다 |
| 5 심해 |
| 6 습지 |
| 7 멸종 |

서식지 북아메리카

몸길이 10cm

포유류

벌거숭이뻐드렁니쥐

지하를 누비는 벌거숭이쥐

Heterocephalus glaber

POINT 자신이 파 놓은 굴을 빠른 속도로 달릴 수 있으며, 앞으로 달릴 때와 뒤로 달릴 때 같은 속도로 달릴 수 있다.

POINT 스스로 체온을 유지하지 못하기 때문에 서로 몸을 맞대어 온기를 얻는다.

번식 방법 수컷 한 마리와 여왕만이 새끼를 낳고, 다른 쥐들은 번식 활동을 하지 않는다.

분류 척추동물>포유류>쥐목
먹이 식물 뿌리, 동물 배설물
특징 여왕을 중심으로 300마리 정도가 무리를 지어 생활한다.

벌거숭이뻐드렁니쥐는 몸에 털이 거의 없고 붉은 기가 도는 피부를 드러내고 있어서 '벌거숭이두더지쥐'라고도 불린다. 실제로 보면 온몸의 피부가 벗겨져 있는 것 같아 보기 흉하다고 한다. 이렇게 몸에 털이 없는 이유는 주로 땅속에서 생활하므로 햇빛으로부터 피부를 보호해 주는 털이 필요 없기 때문이다. 입술도 땅속 생활에 적합한 구조로 되어 있다. 입술이 앞니 뒤에서 닫히는 특이한 구조라 굴을 팔 때 흙이 입속으로 들어가는 것을 막아 준다.
30년 이상 사는 장수 동물이며, 더 놀라운 것은 세월이 흘러도 노화하지 않은 것 같은 외모를 유지한다는 점이다.

공포의 앞니!

미스터리 생물! 절대 늙지 않는

1 육지
2 곤충
3 비행
4 바다
5 심해
6 습지
7 멸종

서식지: 동아프리카 사막
몸길이: 8cm

별코두더지

포유류

코 모양이 독특한 희귀 두더지

Condylura cristata

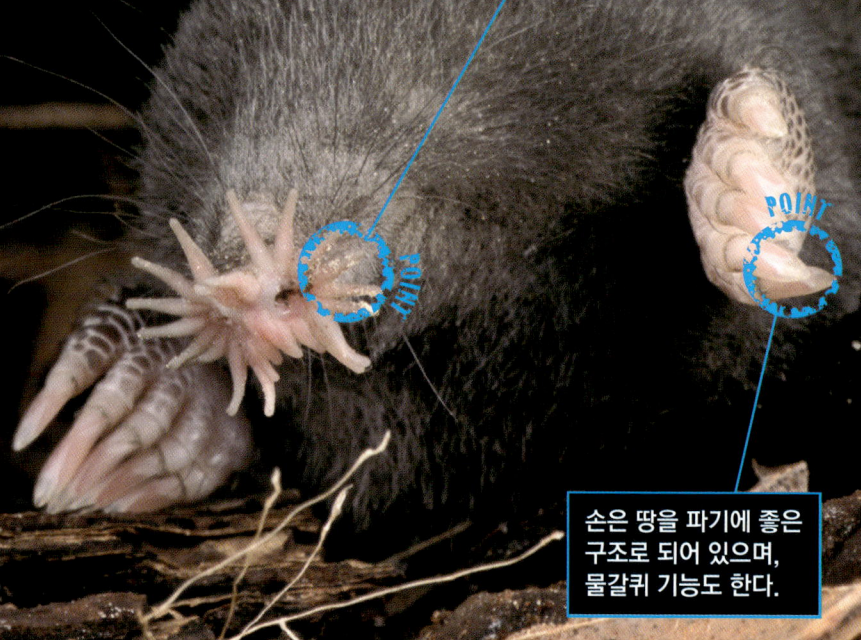

신경(감각 기관)의 수
뇌와 코를 연결하는 신경의 수가 10만 개 정도로, 사람의 뇌와 손을 잇는 신경보다 6배나 많다.

코끝의 예민한 촉수를 이용해 먹잇감을 찾는다. 코는 음식이나 진흙이 들어가지 않는 구조로 되어 있다.

손은 땅을 파기에 좋은 구조로 되어 있으며, 물갈퀴 기능도 한다.

분 류 척추동물>포유류>땃쥐목
먹 이 지렁이, 곤충
특 징 보통의 포유류와 달리 물속에서도 냄새를 맡을 수 있다.

별코두더지의 가장 큰 특징은 사방으로 찢어진 모양의 돌기가 달린 코이다. 정면에서 보면 마치 괴물이 입을 벌리고 당장이라도 무엇을 집어 삼키려는 것처럼 보인다. 이 코가 별 모양을 닮았다고 해서 별코두더지라는 이름이 붙여졌다.
대부분의 두더지와 마찬가지로 눈이 퇴화하여 밝고 어두운 정도만 구별할 수 있는 시력을 갖고 있다. 눈 대신 진화한 코는 매우 민감하여 먹잇감을 찾는 촉각 기관의 역할을 한다. 코로 눈앞에 있는 것이 먹잇감인지 아닌지를 판단하는 데 걸리는 시간은 불과 0.008초 정도라고 한다. 게다가 직접 접촉하지 않고 바로 옆을 지나치기만 해도 감지해 낼 수 있다.

"어둠 속에서 먹잇감 감지!"

오싹한 괴물! 입을 벌리다!

1 육지
2 곤충
3 비행
4 바다
5 심해
6 습지
7 멸종

서식지 아메리카 북부

몸길이 10cm

양서류

동굴도롱뇽붙이
온몸이 창백한 도롱뇽붙이

Proteus anguinus

사라지는 눈
어릴 때는 눈알이 있지만, 성장하면서 몸에 흡수되어 사라진다.

수명이 100년 정도 되며 태어난 후 14년 정도 지나야 번식 활동이 가능해진다.

온몸에 맛을 느끼는 기관인 '미뢰'가 있다.

분류 척추동물>양서류>도롱뇽목
먹이 새우, 게, 곤충
특징 보통은 흰색이지만 햇빛을 받고 자라면 갈색 피부가 된다.

실제 자연에서는 온몸이 새하얀 생물이 많지 않은데, 동굴도롱뇽붙이는 동굴에서 태어나 평생 빛에 노출되지 않기 때문에 온몸이 새하얗다. 동굴도롱뇽붙이가 생활하는 캄캄한 동굴에는 동물들의 먹잇감이 되는 생물이 많지 않고 사냥하기도 쉽지 않다. 그렇기 때문에 먹잇감을 놓치지 않기 위해 온몸의 감각이 발달되어 있다. 아주 작은 생물의 움직임도 그 진동을 감지하여 즉각 찾아낼 수 있으며, 물속에서 움직이는 생물도 감지할 수 있다. 먹잇감을 발견하고 슬금슬금 다가가는 동굴도롱뇽붙이의 모습은 마치 커다란 혀가 꿈틀거리며 다가오는 것처럼 괴기스럽게 보인다고 한다.

1 육지

"꿈틀꿈틀, 먹잇감을 찾아라!"

온몸으로 맛을 느끼다!

2 곤충
3 비행
4 바다
5 심해
6 습지
7 멸종

서식지 이탈리아 북동부

몸길이 20~30cm

파충류

공포의 새빨간 입
자이언트리프테일
Uroplatus fimbriatus

눈은 얇은 막으로 덮여 있고, 눈꺼풀이 닫히지 않아 혀로 핥아 씻기도 한다.

POINT

몸통 주변의 얇은 피부가 몸의 윤곽을 불분명하게 하여 눈에 띄는 것을 막아 준다.

POINT

분류 척추동물>파충류>뱀목
먹이 곤충 등
특징 주로 곤충을 먹지만 같은 무리인 도마뱀붙이를 먹기도 한다.

자이언트리프테일은 마다가스카르에만 서식하는 도마뱀붙이다. 몸의 색깔이 보통은 회색이지만 이끼 모양이나 줄무늬가 있는 것도 있다. 발과 몸통 주변에는 얇은 피부가 둘러져 있는데, 이 피부는 몸의 전체 윤곽을 흐릿하게 만들어 주변 환경에 동화(서로 같게 됨)되는 효과가 있다.
주로 밤에 활동하는 야행성이며, 낮 동안에는 주변 환경에 동화된 상태로 위장해 있다. 위장에 실패하여 적에게 들키게 되면 꼬리를 바짝 세우고 입을 크게 벌려 위협 자세를 취한다. 입 안쪽이 피에 물든 것처럼 새빨갛기 때문에 적을 위협하는 데 효과가 있다고 한다.

위험해!

감쪽같은 위장 기술!

서식지 마다가스카르 동부

몸길이 22~30cm

가장 소름 돋게 생긴 동물

이 책에 등장하는 괴기 생물 가운데, 소름이 돋을 정도로 혐오스럽게 생긴 생물들을 모았다. 많은 사람이 징그러워하는 벌레류의 생물들이 1위부터 3위를 차지했다.

1 팔벌레

거미, 전갈, 물장군의 징그러운 부분을 모아 놓은 듯한 모습이다. 놀랍게도 팔벌레를 애완용으로 키우는 사람도 있다.

2 낙타거미

팔벌레, 식초전갈과 함께 세계 3대 괴기 곤충에 속한다. 전갈과 비슷하게 생겼으며, 대형 절지동물이지만 매우 재빠른 편이다.

3 그리마

무수히 많은 발로 빠르게 돌아다녀서 사람들을 놀라게 하지만, 바퀴벌레 등의 해충을 먹어 치우는 익충이기도 하다.

4 레우코클로리디움 파라독섬

달팽이의 몸에 기생하여 산다. 생김새는 혐오스럽지 않지만 달팽이의 뇌를 조정하여 행동하게 하는 습성은 소름 끼친다.

5 칠성장어

입이 빨판 모양으로 생겼다. 먹잇감의 몸에 딱 달라붙어 체액을 빨아 먹는 칠성장어의 입은 마치 괴물처럼 흉측해 보인다.

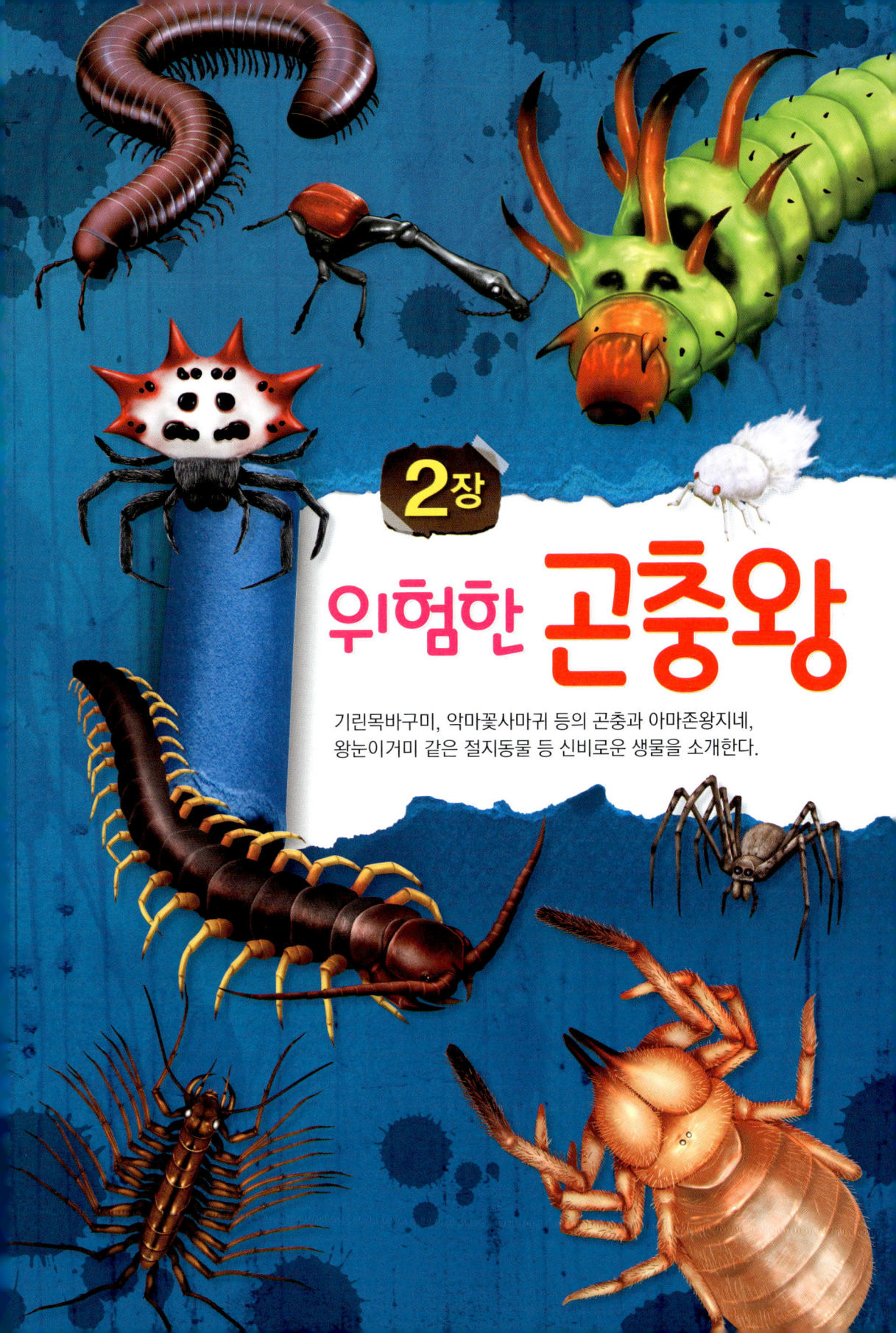

2장 위험한 곤충왕

기린목바구미, 악마꽃사마귀 등의 곤충과 아마존왕지네, 왕눈이거미 같은 절지동물 등 신비로운 생물을 소개한다.

절지동물

아프리카자이언트노래기

독가스를 내뿜는 거대 노래기

Spirosteptus gigas

POINT
다리의 수는 많지만 이동 속도는 느린 편이다.

다양한 먹이
낙엽이나 버섯 등을 먹으면서 땅을 고르는 일도 한다.

분 류 무척추동물>절지동물
먹 이 낙엽, 동물의 시체
특 징 천적인 미어캣에게는 독성 물질이 아무런 효과가 없다.

아프리카자이언트노래기는 아프리카에 서식하는 세계에서 가장 큰 노래기다. 새까만 피부와 붉은 관절, 더듬이, 많은 다리 등 매우 징그러운 생김새를 하고 있으며 지네와 착각하기 쉽다. 징그러운 생김새와는 달리 평소에는 성질이 온순한 편이지만 한번 잡은 먹잇감은 절대 놓치지 않고 먹어 치운다. 독니 혹은 독침 등을 지니고 있지 않아 접촉해도 아무런 해를 입지 않지만 다리나 몸통의 마디 사이에 독성 물질이 있는 가스가 가득 쌓여 있어 지독한 냄새를 풍긴다. 아프리카자이언트노래기가 풍기는 독성 가스를 흡입하면 사람도 위험할 수 있기 때문에 식용(먹을 것으로 씀)으로 이용하는 것은 피해야 한다.

"절대 놓치지 않아!"

지독한 냄새가 나는
독가스 공격!

서식지
아프리카 남서부
열대 우림

몸길이
30cm

절지동물

가장 소름 돋는 동물

팔벌레

Discoplax hirtipes

포획용 다리
끝이 뾰족뾰족한 굵은 다리로 먹이를 단단히 붙잡은 다음 먹어 치운다.

육아 방법
알에서 새끼가 태어나면 한동안 등에 업어 키운다.

분 류 무척추동물>절지동물>무편목 **먹 이** 곤충
특 징 식초전갈, 낙타거미와 함께 3대 괴기 곤충으로 꼽힌다.

팔벌레는 물장군처럼 납작한 몸에 거미 다리처럼 가늘고 긴 다리와 사냥을 위한 굵은 다리가 달려 있다. 마치 여러 곤충을 합쳐 놓은 것처럼 생긴 팔벌레는 실제로 보면 한동안 잊을 수 없을 정도로 매우 징그러운 생김새를 하고 있다. 가늘고 긴 다리 중 첫 번째 다리는 더듬이 역할을 하고, 끝이 뾰족뾰족하고 굵은 다리는 먹잇감을 사냥하는 데 사용한다. 다리에는 단단한 갈고리발톱이 달려 있어 벽이나 천장을 기어 다닐 수 있다.
팔벌레는 기다란 다리 때문에 '채찍거미'라고도 불리며, 요즘에는 독특한 생김새의 곤충을 좋아하는 사람들에게 애완 곤충으로 길러지기도 한다.

끔찍한 외모!

강력한 갈고리 발톱!

*아열대: 열대와 온대의 중간 지대.

서식지 세계의 *아열대 지역

몸길이 5cm (다리 포함 25cm)

절지동물

긴뿔도깨비거미

기다란 도깨비 뿔을 가진 거미

Gasteracantha arcuata

사냥 방법
나무와 나무 사이에 둥근 거미줄을 치고 그곳에 걸린 곤충을 잡아먹는다.

POINT

2개의 긴 뿔은 적으로부터 몸을 보호하기 위한 무기로 사용된다.

분　류 무척추동물>절지동물>거미목
먹　이 곤충 등
특　징 암컷의 몸길이는 1cm 정도이며, 수컷은 그 절반만 하다.

뿔이 있는 거미들은 대부분 작은 뿔이 나 있는 경우가 많다. 하지만 긴뿔도깨비거미는 뿔거미들 중에서도 최대급 뿔을 가지고 있다. 그 크기는 뿔 수준을 넘어 창이라고 해도 될 만큼 길고 뾰족하다. 몸길이의 두 배나 되는 기다란 뿔은 긴뿔도깨비거미가 천적으로부터 몸을 보호할 때 방어 무기로 사용된다. 새나 도마뱀 같은 천적이 긴뿔도깨비거미를 잡아먹으려고 달려드는 순간 긴 뿔을 세차게 휘둘러 반격한다.
긴뿔도깨비거미가 휘두르는 뿔에 입이나 목을 찔리는 곤충은 큰 상처를 입을 수 있으며, 이 뿔은 사람의 손도 벨 정도로 날카롭기 때문에 손으로 잡을 때는 주의해야 한다.

"내 뿔은 몸길이의 2배!"

무시무시한 긴 뿔로 찌르기 공격!

서식지 동남아시아~남아시아의 숲

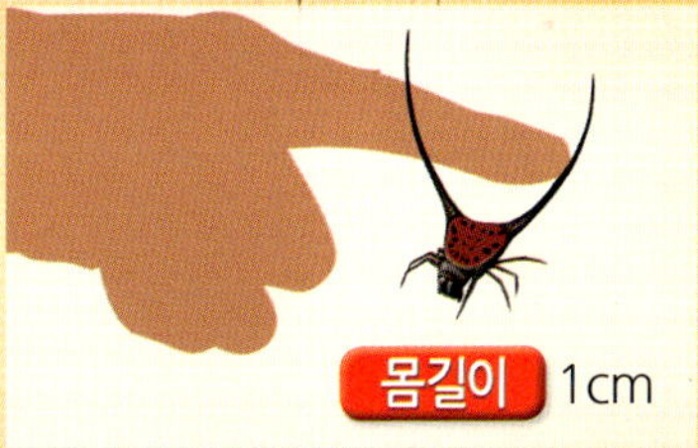

몸길이 1cm

유조동물

발톱벌레
다리에 작은 발톱이 달린 벌레

Peripatus novaezealandiae

먹이를 발견하면 머리에 있는 분비샘에서 점액을 내뿜는다.

이빨이 매우 단단해 달팽이 껍데기 정도는 쉽게 깰 수 있다.

| 분 류 | 무척추동물>유조동물 | 먹 이 | 곤충 등의 작은 동물 |

특 징 끈끈한 점액을 이용해 먹잇감을 잡는다.

발톱벌레는 캄브리아기(약 5억 4,200만 년 전~4억 8,800만 년 전)에 살았던 개체가 멸종하지 않고 지금까지 살아남은 생물이다. 갈색의 벨벳 같은 피부로 덮여 있는 기다란 몸은 지렁이 등의 환형동물 같아 보이지만, 둥근 몸통에 여러 쌍의 다리를 가진 유조동물에 속한다. 14~40개 정도의 다리가 있고 그 끝에는 갈고리발톱이 달려 있으며, 머리에는 두 개의 더듬이가 있다. 사냥을 할 때는 끈적끈적한 점액을 내뿜어 먹잇감을 잡는데, 이 점액은 최대 30cm까지 뿜어지고 빠르게 굳기 때문에 먹잇감이 도망가지 못한다. 생김새나 사냥하는 모습이 SF 영화(공상과학영화)에 나오는 무시무시한 괴물을 떠올리게 한다.

SF 영화 속 괴물?

끈끈한 점액으로 먹이를 사로잡다!

1 육지
2 곤충
3 비행
4 바다
5 심해
6 습지
7 멸종

서식지: 동남아시아, 아프리카, 남아메리카

몸길이 4~15cm

곤충류

가장 목이 긴 곤충

기린목바구미
Trachelophorus giraffa

- 수컷은 목의 길이가 길수록 암컷에게 인기가 있다.
- 수컷의 목은 암컷의 목보다 2~3배 정도 길다.

분 류	무척추동물>곤충류>딱정벌레목
먹 이	식물의 잎
특 징	긴 목 때문에 기린거위벌레라는 별명이 있다.

일본에서는 기린목바구미를 '기린오토시부미'라고 부르는데, 이 곤충의 특수한 생태에서 유래된 이름이라고 한다.
기린목바구미의 암컷은 나뭇잎에 알을 낳은 후 잎으로 알을 돌돌 말아 원기둥 모양을 만든다. 이 원기둥 모양의 나뭇잎이 떨어져 있는 모습이 마치 좋아하는 사람에게 보내는 편지를 길가에 떨어뜨려 두는 '오토시부미' 풍습을 떠올리게 한다고 한다.
바구미들 가운데 세계 최대급에 속하는 기린목바구미는 목의 길이로도 곤충계 최고를 자랑한다. 전체 몸길이의 70%를 차지하는 목은 마치 물건을 들어 올리는 크레인(기중기)을 떠올리게 하는 매우 희귀한 모습이다.

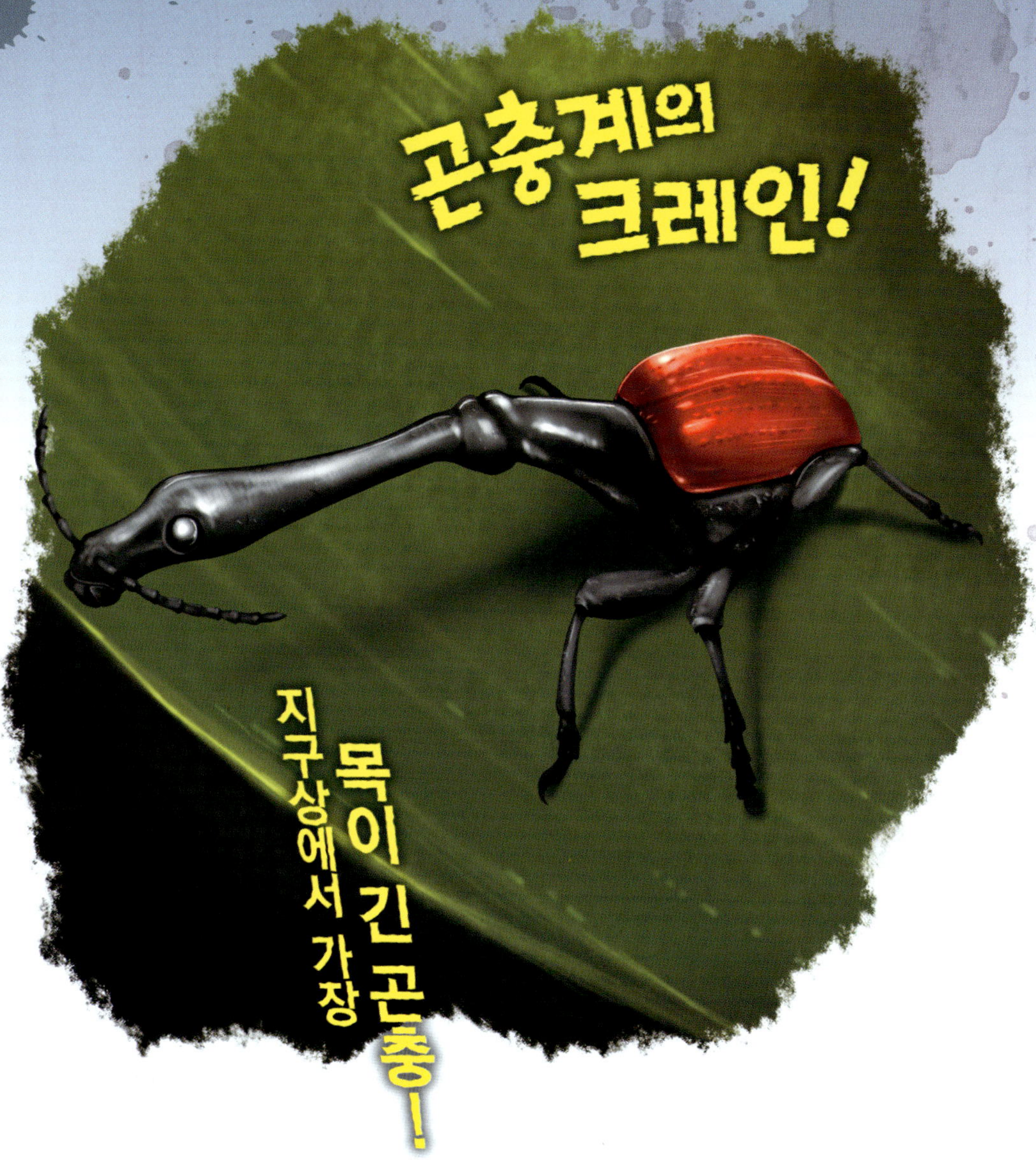

곤충계의 크레인!

지구상에서 가장 목이 긴 곤충!

서식지: 아프리카, 마다가스카르
몸길이: 2.5cm

절지동물

그리마

혐오감을 주는 수많은 다리

Scutigeromorpha

위험을 느끼면 스스로 다리를 자르고 도망간다.

이로운 곤충
생김새는 징그럽지만 거미나 바퀴벌레 등을 잡아먹는 익충으로 알려져 있다.

| 분 류 | 무척추동물>절지동물>그리마목 | 먹 이 | 거미, 흰개미 등 |

특 징 성장하면서 마디나 다리의 수가 늘어난다.

그리마는 '집지네' 또는 '돈벌레'로도 불린다. 이름만 들어도 혐오감을 주는 동물로 꼽히며, 혐오감을 주는 가장 큰 이유는 수많은 다리가 달린 징그러운 생김새 때문이다. 다리는 모두 15쌍으로, 몸의 뒤쪽으로 갈수록 길어진다. 다리에 공격을 받으면 다리를 자르고 도망가는데, 잘린 다리는 *탈피할 때 다시 생겨난다. 몸에 있는 희미한 줄무늬도 탈피할 때마다 수가 늘어난다. 움직임이 민첩한 편이며, 종류에 따라서는 초속 40cm로 돌아다닌다고 한다.
끔찍한 생김새의 벌레지만 사람에게 피해를 주기보다는 거미나 바퀴벌레를 잡아먹는 익충이라고 한다.

*탈피: 파충류, 곤충류 등이 자라면서 허물이나 껍질을 벗음.

초속 40cm의 **스피드!**

서식지 세계 각지

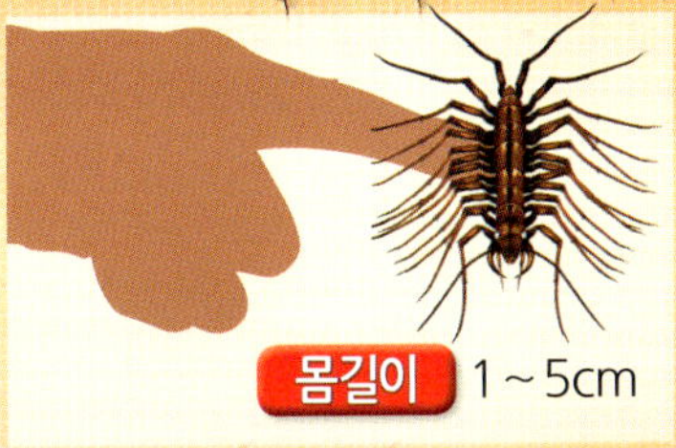

몸길이 1~5cm

1 육지
2 곤충
3 비행
4 바다
5 심해
6 습지
7 멸종

절지동물

흰가루깍지벌레

온몸을 덮은 하얀 분비물

Pseudococcidae

해로운 곤충
암컷은 태어나서 죽을 때까지 식물에 기생하는 해충이다.

파리를 닮은 수컷
수컷은 암컷과 달리 날개가 있어서 파리처럼 보이기도 한다.

분 류 무척추동물>절지동물>매미목 **먹 이** 식물의 수액
특 징 퇴치하려면 숨구멍을 막거나 침투성 약품을 사용한다.

매미나 진딧물, 노린재의 친척인 흰가루깍지벌레는 사람에게 해를 끼치는 벌레인 해충으로 매우 유명하다. 먹이가 되는 식물의 잎과 줄기, 과일 등에 여러 마리가 모여 때로는 그 식물을 말라 죽게 한다.
흰가루깍지벌레의 몸은 흰색 가루로 덮여 있다. 이 가루는 흰가루깍지벌레 자신의 분비물로, 살충제(벌레를 죽이는 약)로부터 몸을 보호해 준다. 그래서 흰가루깍지벌레를 퇴치하려면 몸속에 침투하는 약품을 사용하는 것이 효과적이다.
타원 모양의 몸에 작은 다리가 기분 나쁠 정도로 많이 달려 있는 것은 암컷이며, 수컷은 날개가 있어서 파리와 비슷해 보인다.

화장하는 이유가 궁금해?

식물의 즙을 먹어 말라 죽게 하다!

서식지: 일본
손가락 **몸길이**: 3~5mm

절지동물

통거미
가는 다리로 감지하는 거미
Phalangida opiliones

감각 기관이 있는 다리를 입으로 훑으며 청소한다.

뛰어난 위장 기술
커다란 생물체로 보이기 위해 몸을 흔들며 움직인다.

2개의 홑눈이 있지만 시력이 거의 없어 다리의 감각 기관으로 주변을 살핀다.

분류 무척추동물>절지동물>통거미목	**먹이** 버섯, 곤충 등
특징 시력이 좋지 않아 '장님거미'라고 불리기도 한다.	

통거미는 가늘고 긴 다리로 주변을 더듬거리며 움직이는데, 이 모습은 마치 눈앞이 보이지 않아 지팡이로 주변을 살피는 것처럼 보인다. 그래서 '장님거미'로 불리기도 한다. 통거미가 이렇게 움직이는 이유는 시력이 좋지 않은 눈 대신 다리를 이용해 주변을 감지하기 때문이다. 통거미의 다리에는 촉각, 청각 등의 여러 감각 기관이 집중되어 있다. 이런 예민한 다리를 입으로 훑어 청소하는 통거미의 모습을 관찰할 수 있다고 한다.
통거미는 몸보다 몇 배나 긴 다리를 흔들거리며 움직이는 모습이 희귀하고 혐오감을 주지만, 다리에 여러 감각 기관을 갖고 있는 매우 신기한 동물로 꼽힌다.

보고 듣고! 예민한 다리로

서식지 세계의 삼림 지대

몸길이 1cm (다리 포함 18cm)

절지동물

가시거미
적의 공격을 막는 작은 가시

Gasteracantha kuhlii

몸에 달린 가시가 매우 딱딱해 맨손으로 만지면 찔릴 수 있다.

수컷의 특징
수컷은 암컷보다 크기가 작고 가시도 뒤쪽에 1개만 있다.

분 류 무척추동물>절지동물>거미목
먹 이 곤충 등
특 징 삼켰을 때 목에 걸리는 식물의 가시를 모방한 모습이다.

가시거미는 주로 덥고 비가 많이 오는 열대 지방에 서식한다. 하지만 대체적으로 날씨가 춥고 차가운 일본의 아오모리현 지역에서 발견되기도 했다.
가시거미는 머리와 가슴, 배 부분 모두 딱딱하며 배는 가로로 긴 형태이다. 몸의 색은 전체적으로 흰색을 띠고 중간중간에 검은색 무늬가 있다. 몸에는 원뿔 모양의 돌기들이 있는데, 양옆에 두 개씩 그리고 등 쪽에 두 개가 있다. 하지만 이러한 특징은 가시거미 암컷에게만 나타난다. 가시거미 수컷은 몸의 크기가 암컷의 절반 정도밖에 되지 않으며, 배 부분이 둥글고 가시도 몸의 뒤쪽에 한 개만 있다.

뾰족한 가시!

뛰어난 방어술!

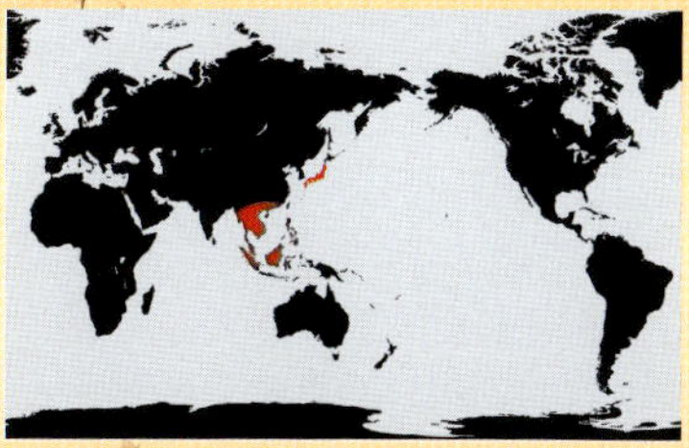

서식지
동남아시아, 일본(홋카이도 제외)

손가락

몸길이 암컷 10mm, 수컷 3mm

악마꽃사마귀

화려한 꽃으로 위장하는 사마귀

곤충류

Idolomantis diabolica

뛰어난 위장 기술
꽃으로 위장하여 먹잇감이 가까이 다가올 때까지 끈기 있게 기다린다.

유충 시기에는 갈색을 띠다가 성충이 되면 흰색과 초록색으로 바뀐다.

분류	무척추동물 > 곤충류 > 사마귀목
먹이	알려지지 않음.
특징	험악한 생김새와 달리 성격이 섬세하고 겁쟁이다.

악마꽃사마귀는 험상궂은 생김새 때문에 악마라는 이름이 붙은 꽃사마귀의 일종이다. 화려한 몸의 색깔을 이용하여 꽃으로 위장해 자신의 몸을 보호하는 습성이 있다.

하지만 악마꽃사마귀는 무서운 생김새와 악마라는 이름과는 달리 성격이 섬세하고 겁이 많은 편이다. 작은 위험에도 삼싹 놀라 낫처럼 생긴 두 다리를 번쩍 치켜들고 위협 자세를 취하는가 하면 스트레스도 쉽게 받는 성격이다. 그런 이유로 평소에는 꽃으로 위장해 자신을 숨기고 있다고 한다.

어린 시기에는 마치 마른 잎 같은 갈색을 띠다가 성충(어른벌레)이 되면 선명한 흰색과 초록색으로 몸의 색이 바뀐다.

먹이 잡는 사냥꾼!
꽃으로 위장!

서식지 아프리카 **몸길이** 10cm

곤충류

히코리혼드데블

악마의 뿔을 가진 거대 애벌레

Citheronia regalis

갓 태어났을 때는 검은색이었다가 탈피를 반복하며 선명한 라임색으로 변한다.

이름의 유래
히코리나무에서 많이 볼 수 있기 때문에 붙여진 이름이다.

분 류	무척추동물>곤충류>나비목
먹 이	히코리 나뭇잎
특 징	나방이 되면 악마가 아닌 제왕에 어울리는 모습으로 변한다.

히코리혼드데블은 참나무산누에나방의 일종인 제왕나방의 유충(애벌레)이다. 몸길이가 최대 15cm를 넘어 북아메리카에서 가장 큰 애벌레로 알려져 있다. 일반적인 나방의 애벌레와 같이 몸의 색은 선명한 라임색(초록빛)이지만, 머리에 악마의 뿔과도 같은 뾰족한 뿔들이 나 있다. 악마(devil, 데블)라는 이름에 아주 잘 어울리는 무시무시한 모습이다. 하지만 이런 생김새와는 달리 독이 있거나 사람에게 어떠한 해도 주지 않는다.
성충이 되면 입이 없어지고 음식을 섭취할 수 없어 수명이 짧은 편이다. 하지만 악마의 모습에서 화려한 제왕나방으로 변신하는 특징 때문에 두 얼굴을 가진 희귀 동물로 손꼽힌다.

공포의 두 얼굴!

북아메리카에서 가장 큰 애벌레!

서식지: 북아메리카
몸길이: 9~16cm

곤충류

선녀벌레유충

식물의 수액을 빨아 먹는 털북숭이

Geisha distinctissima

유충의 무리 생활
무리를 지어 생활하기 때문에 유충의 무리로 새하얗게 뒤덮인 식물이 발견되기도 한다.

POINT
하얀 솜뭉치 같은 모습은 적으로부터 몸을 보호하는 효과가 있다.

분류 무척추동물>곤충류>매미목	**먹이** 풀과 나무의 수액
특징 식물에 기생하며 식물을 말라 죽게 하므로 해충으로 분류된다.	

매미목 선녀벌렛과에 속하는 선녀벌레의 유충이며, 매미와 가까운 곤충으로 분류된다. 성충이 되면 청록색의 큰 날개를 갖추며 아름다워지지만 유충 시기에는 솜뭉치 같은 희귀한 모습을 하고 있다. 유충의 이런 모습은 자신을 보호하기 위한 방법 중 하나로, 엉덩이 끝에서 하얀 솜과 같은 물질을 분비하여 온몸을 뒤덮고 있는 것이다. 몸을 덮고 있는 이 물질 덕분에 적으로부터 몸을 숨길 수 있다. 그리고 이 물질은 나뭇가지에서 떨어졌을 때 안전하게 내려앉을 수 있는 낙하산 역할도 한다. 선녀벌레유충은 식물에 *기생하며 생활하는데, 이때 하얀색 물질이 식물에 붙어 식물의 성장을 방해하기도 한다.

*기생: 다른 종류의 생물이 함께 생활하며, 한쪽이 이익을 얻고 다른 쪽이 해를 입는 일.

멋있지?

식물에 기생해 말라 죽이는 애벌레!

| 1 육지 |
| 2 곤충 |
| 3 비행 |
| 4 바다 |
| 5 심해 |
| 6 습지 |
| 7 멸종 |

서식지: 일본, 중국, 대만

몸길이: 9~11mm

손가락

53

곤충류

재주나방유충

외계 생명체를 닮은 애벌레

Stauropus fagi

눈동자 모양 무늬
보통은 나방이 되었을 때 생기는 무늬가 유충 시기부터 있다.

가슴다리
적의 공격을 받으면 가슴다리를 휘두르며 싸우기도 한다.

뾰족뾰족한 돌기
괴수의 등처럼 뾰족뾰족한 돌기가 여러 개 있다.

분류 무척추동물>곤충류>나비목
먹이 지네, 너구리 배설물
특징 어린 시기에는 개미, 성장 후에는 마른 잎으로 위장한다.

초록색 잎이 무성한 나뭇가지에 재주나방유충 한 마리가 갈색의 마른 잎처럼 붙어 있다. 자세히 보면 구부리기 좋은 형태의 몸과 등에 난 뾰족뾰족한 돌기 여러 개를 관찰할 수 있다.
적에게 습격을 받으면 가슴 부위의 검고 둥근 모양이 커지며 마치 눈을 번쩍하고 뜬 것처럼 보인다. 긴 다리를 뻗어 적을 위협하는 모습이 영화 〈에이리언〉에 등장하는 괴물 같아 보이지만 사실은 사람을 습격하지는 않는다고 한다.
일본에서는 재주나방유충을 '샤치호코벌레'라고 부르기도 한다. 샤치호코란 물고기의 몸에 호랑이의 머리를 하고 꼬리를 하늘로 향하고 있는 지붕 장식을 말한다.

다리를 길게 뻗어 적을 위협하다!

2 곤충

서식지: 일본
몸길이: 2~3cm

절지동물

아마존왕지네

수많은 다리가 달린 지네의 왕

Scolopendra gigantea

POINT

대단한 식성
먹잇감에 독을 주입하고 나서 1시간 정도면 완전히 먹어 치운다.

박쥐를 한 번에 죽일 수 있는 강력한 독이 엄니에 들어 있다.

분 류 무척추동물>절지동물>왕지네목 **먹 이** 타란툴라, 쥐 등
특 징 엄니는 힘도 매우 세고, 강력한 독도 들어 있다.

지네는 사람들 대부분이 혐오스러워하는 생물이다. 그중에서도 아마존왕지네는 보통의 지네와는 비교도 안 되는 엄청난 크기를 자랑하며 '세계 최대의 지네', '지네의 왕' 등으로 불린다.
큰 개체인 경우 어른 남자의 팔 길이 정도나 되며, 기다란 몸통은 붉은색을 띠고, 수많은 다리에는 노란색과 검은색의 줄무늬가 있다. 엄니(크고 날카로운 이빨)에 강력한 독을 지니고 있으며, 보통의 지네는 곤충을 잡아먹지만 아마존왕지네는 독을 이용해 쥐나 박쥐를 잡아먹는다. 아마존왕지네의 독은 박쥐를 한 번에 죽일 수 있을 만큼 강하지만 사람에게는 어떤 영향을 주는지 아직 밝혀지지 않았다.

만지면 안 돼!

어른 팔뚝만큼 큰
초대형 왕지네!

서식지 남아메리카 삼림 지대

몸길이 20~40cm

1 육지
2 곤충
3 비행
4 바다
5 심해
6 습지
7 멸종

절지동물

낙타거미

낙타의 뱃살을 뜯어 먹는 동물

Solifugae

특이한 습성
어두운 그늘을 매우 좋아해 그늘진 장소를 발견하면 재빨리 이동한다.

길고 뾰족한 엄니를 이용해 먹잇감을 잡아먹는다.

| 분류 | 무척추동물>절지동물 | 먹이 | 도마뱀, 새 등 |

특징 커다란 엄니로 사람을 물어 상처를 남기기도 한다.

낙타거미는 성격이 사나운 육식성 동물이다. 거미와 전갈의 특성을 모두 지니고 있어 '바람전갈'이라는 별명이 있다. '2m나 점프해 소리를 지르며 습격하는 거미', '자고 있는 사이 독액을 주입해 마비시킨 후 살을 파먹는 거미' 등 낙타거미에 대한 괴상한 소문이 돌아 사람들에게 '공포의 거미'로 불리기도 했다. 이러한 소문들은 모두 사실이 아닌 것으로 밝혀졌지만, 실제로 시속 16km로 달릴 수 있다고 한다. 대형 절지동물로는 속도가 매우 빠른 편이며, 배에 있는 감각 기관으로 작은 진동을 느낄 수 있다. 사냥할 때 사용하는 엄니는 크고 뾰족하지만 독이 들어 있지는 않다.

괴담의 주인공!

끈질기게 공격하다! 단단한 엄니로

서식지
동남아시아, 아프리카, 북아메리카 등

몸길이 0.4~15cm

마다가스카르휘파람바퀴

곤충류

날개가 없는 초대형 바퀴벌레

Gromphadorhina portentosa

대단한 식성
잡식성 동물이며 식물의 잎 등 무엇이든 잘 먹는다.

적이 나타나면 숨구멍으로 소리를 내며 위협한다.

POINT

분류	무척추동물>곤충류>바퀴목
먹이	식물의 잎 등
특징	무엇이든 잘 먹고 번식이 쉬워 애완용으로 인기가 있다.

바퀴벌레라고 하면 누구나 가까이 하고 싶지 않은 징그러운 동물이다. 하지만 세상에는 별난 취미를 가진 사람들이 많고, 이런 사람들 중에는 바퀴벌레를 애완용으로 기르는 사람도 있다. 사람들에게 애완용으로 인기 있는 마다가스카르휘파람바퀴는 보통의 바퀴벌레와는 생태와 모습이 조금 다르다. 마다가스카르휘파람바퀴는 날개가 없기 때문에 날지 못하고, 손으로 쉽게 잡을 수 있을 정도로 움직임이 느리다. 적을 감지하면 숨구멍으로 공기를 내보내 '휘이~' 하고 소리를 내며 위협하는 특징이 있다. 잡식성 동물로 무엇이든 잘 먹는 편이며, 번식이 쉬워 애완용으로 인기가 있다.

세계에서 가장 큰 슈퍼 바퀴벌레!

서식지 마다가스카르
몸길이 5~7cm

절지동물

왕눈이거미
그물을 던져 먹이를 잡는 사냥꾼

Deinopidae

저녁이 다가오면 그물을 짜기 시작해 30분 정도면 완성한다.

큰 눈동자 2개 외에도 6개의 눈이 더 있다.

| 분 류 | 무척추동물>절지동물>거미목 | 먹 이 | 곤충 |

특 징 : 홑눈이 빛을 받는 능력이 고양이나 부엉이보다 우수하다.

대부분의 거미는 거미줄로 집을 지어 먹잇감이 걸려들기를 기다린다. 하지만 왕눈이거미는 직접 그물을 던져 먹잇감을 잡는 공격적이고 적극적인 방법으로 사냥을 한다.
주로 밤에 활동하는 야행성 동물인 왕눈이거미는 저녁이 되면 그물을 짜기 시작한다. 거미줄을 여러 차례 늘렸다 줄였다를 반복하여 그물을 완성한 후 그물을 늘어뜨리고 먹잇감을 기다린다. 그물 아래쪽에 하얀 배설물로 초점을 맞추어 놓고 먹잇감이 그곳을 지나는 순간, 그물을 던져 먹잇감을 잡는다. 왕눈이거미의 거미줄은 같은 굵기의 철망보다 5배나 더 튼튼하기 때문에 한번 잡힌 사냥감은 절대로 도망칠 수 없다고 한다.

"사냥에 실패해 본 적이 없어!"

어두컴컴한 밤!
사냥에 나서다!

서식지 오스트레일리아

몸길이 1.5~2.5cm

곤충류

왕관사마귀

낙엽을 흉내 내는 위장술의 달인

empusids

POINT 겹눈 사이에 큰 돌기가 있으며 왕관사마귀 종류에 따라 돌기의 모양이 다양하다.

POINT 커다란 앞다리로 도망치는 먹잇감을 재빠르게 낚아챌 수 있다.

분 류	무척추동물>곤충류>사마귀목
먹 이	곤충, 개구리 등
특 징	육식성 곤충이며 식욕이 왕성하다.

사마귀목에 속하는 곤충은 약 2천여 종이나 되며, 모양과 형태가 매우 다양하다. 하지만 기본적으로는 앞쪽을 향하여 달려 있는 겹눈과 세모 모양의 머리, 기도하듯 앞발을 들어 올려 맞대고 있는 모습을 하고 있다. 그중 왕관사마귀는 기본적인 사마귀의 모습에 한 가지 특징이 더 있다. 바로 겹눈 사이에 나 있는 커다란 돌기다. 이 돌기는 왕관사마귀의 종류에 따라 모양이 다양하다. 왕관사마귀는 나뭇잎으로 위장하고 먹잇감을 기다리다가 빠르게 낚아채 잡아먹는다. 상대의 빠르기나 크기를 판단하는 특성이 있으며 공격해 오는 상대가 자신의 몸 절반 이상 크기일 때는 반격하지 않는 편이다. 기괴한 모습에 비하면 의외로 겁이 많다.

"나뭇잎일까? 곤충일까?"

날카로운 앞다리로 먹이를 사로잡다!

| 1 육지 | 2 곤충 | 3 비행 | 4 바다 | 5 심해 | 6 습지 | 7 멸종 |

서식지: 지중해 지역, 아프리카, 아시아

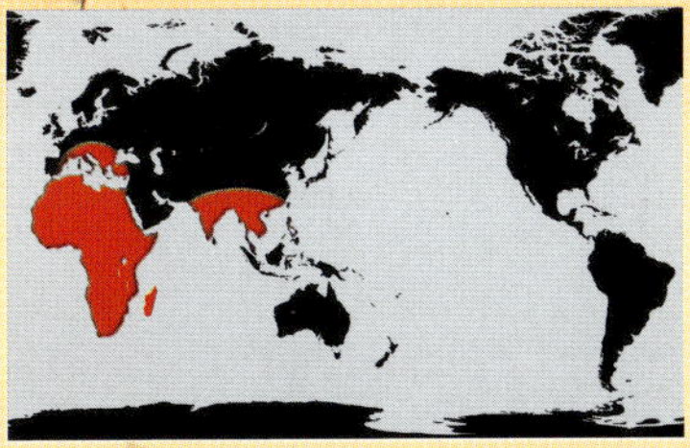

몸길이: 4~9cm

절지동물

서양좀
문화를 파괴하는 은빛 악마
Lepisma saccharina

좋아하는 장소
식품 선반이나 서랍, 책장 등 따뜻하고 어두운 곳을 좋아한다.

먹이를 먹지 않고도 1년 정도를 견딜 수 있다고 알려져 있다.

분 류 무척추동물>절지동물>좀목
먹 이 의류, 종이, 김 등
특 징 은회색, 은백색을 띠어 실버피시(Silverfish)라고도 불린다.

좀목 좀과에 속하는 서양좀은 반질반질 빛나는 몸에 긴 다리와 더듬이가 있다. 몸에는 듬성듬성 털이 나 있는데, 이 모습이 실제로 보면 매우 혐오스럽다고 한다. 야행성이기 때문에 사람이 많이 다니지 않는 밤에 활동하며, 사람이 접근하면 재빨리 달아난다. 재빠르게 돌아다니는 서양좀의 모습은 바퀴벌레를 떠올리게 하지만, 바퀴벌레와 달리 날개가 없다.
서양좀의 주요 먹이는 책의 종이, 김 등의 건조식품, 밀가루, 의류 등이며, 사람에게 큰 위험을 주지는 않는다. 하지만 책의 종이를 먹기 때문에 고서(오래전에 발행된 책) 수집가에게는 보물을 망가뜨리는 나쁜 해충이다.

"세상에서 종이가 제일 맛있어!"

종이를 갉아 먹는 해로운 곤충!

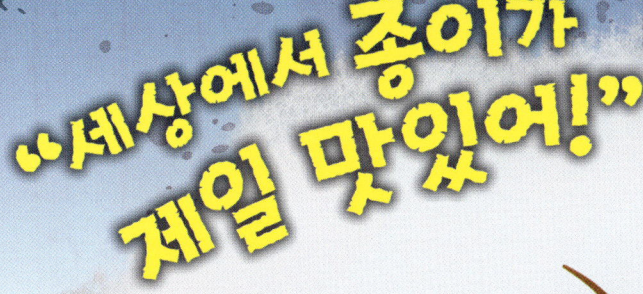

서식지 세계 각지

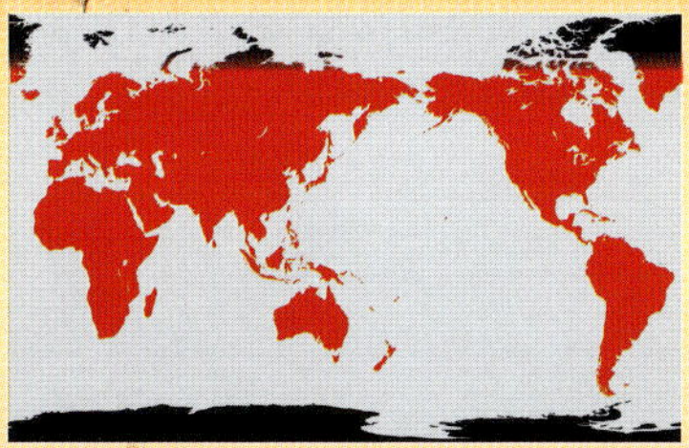

몸길이 0.8~20mm

손가락

1 육지
2 곤충
3 비행
4 바다
5 심해
6 습지
7 멸종

가장 강력한 생물

몸집이 클수록 힘이 세서 강력한 생물로 인정받는 경우가 많다. 하지만 독과 같은 특별한 무기가 있다면 작은 동물도 큰 동물을 제압할 수 있다. 힘과 무기로 무장한 생물을 만나 보자.

 골리앗타이거피시

몸길이가 1.5m까지 자라는 대형 물고기이다. 거대한 몸집에서 나오는 강력한 힘으로 악어는 물론 사람까지도 공격한다.

 아마존왕지네

세계 최대의 지네로, 몸길이가 40cm나 되는 것도 있다. 엄니에서 나오는 강력한 독으로 쥐나 박쥐를 잡아먹는다.

 낙타거미

시속 16km로 매우 재빠르게 움직이며, 빠른 움직임을 이용하여 도마뱀이나 쥐를 공격해 잡아먹기도 한다.

  칠성장어

먹잇감의 몸에 한번 달라붙으면 절대 떨어지지 않는다. 이 때문에 공격을 당할 물고기는 죽음을 각오해야 한다.

 천산갑

몸을 둘러싼 어두운 갈색의 비늘은 칼날처럼 날카롭다. 함부로 만졌다가는 날카로운 비늘에 손을 베어 피를 흘리게 된다.

3장
신기한 비행왕

주름얼굴박쥐, 악어머리뿔매미 등 하늘을 날아다니는 괴기 생물들의 신비로운 생태를 알아본다.

곤충류

털이 많이 난 파리
털파리
Bibionidae

생태적 특징
봄에 볼 수 있고, 수명은 1~2주 정도로 짧다. 암컷보다 수컷의 머리가 크다.

유충의 생김새
암컷이 흙 속에 낳은 알에서 깨어난 유충은 몸이 길고 표면이 울퉁불퉁하다.

분류 무척추동물>곤충류>파리목
먹이 꽃꿀, 동물 배설물
특징 유충(애벌레) 시기에는 자신의 똥을 먹기도 한다.

털파리는 이름 그대로 몸에 털이 많이 나 있는 파리다. 파리라고 불리지만 동물 분류상 모기에 가까우며, 보통 일주일에서 이 주일 정도를 산다. 어른벌레인 성충 시기의 털파리는 생김새가 특별히 괴기스러워 보이지 않으나, 애벌레인 유충 시기에는 모습과 습성이 조금 혐오감을 준다고 한다. 성충 시기에는 꽃꿀이나 물을 먹고 살지만, 유충 시기에는 똥이나 오줌 같은 거름과 썩은 것들을 먹고 산다. 그리고 유충 때도 몸에 털이 나 있는 특이한 생김새를 하고 있다. 주로 낙엽이 있는 곳에서 큰 무리를 지어 사는데, 무심코 낙엽을 들춰 보았다가는 매우 징그러운 털파리 유충의 무리를 보게 될 것이다.

"함부로 낙엽을 들춰 보지 마!"

털북숭이 곤충!

서식지 전 세계

몸길이 0.5~1cm

곤충류

대눈파리
늘었다 줄었다 하는 눈자루

Diopsidae family

수컷은 눈자루의 길이가 길수록 암컷에게 인기가 많다.

POINT

POINT

앞발을 이용해 먹잇감의 맛을 감지할 수 있다.

분 류 무척추동물>곤충류>파리목
먹 이 썩은 동식물
특 징 위액(소화액)을 토해 내 먹이를 녹인 후 빨아 마신다.

대눈파리의 가장 큰 특징은 기다란 눈자루 끝에 달려 있는 눈이다. 수컷의 경우 눈자루가 길면 길수록 생존 능력이 강하다고 여겨져 암컷에게 인기가 있다고 한다. 그래서 수컷들은 암컷을 차지하기 위한 다툼을 벌일 때 눈자루의 길이가 누가 더 긴지 겨룬다고 한다. 대눈파리의 몸은 보통의 파리와 비슷하고 눈 외에는 큰 특징이 없으며, 시력도 좋은 편이 아니라고 한다. 한편 바다 생물 가운데 대눈파리의 눈과 비슷한 형태의 눈을 가진 동물이 있는데, 바로 귀상어(망치상어)이다. 귀상어는 머리 양쪽에 망치 모양으로 돌출된 부위 끝에 눈이 달려 있다. 그리고 대눈파리와 달리 시력이 매우 뛰어나다고 한다.

"누구의 눈자루가 더 길까?"

썩은 동식물을 먹어 치우다!

서식지 아프리카, 동남아시아, 남아메리카

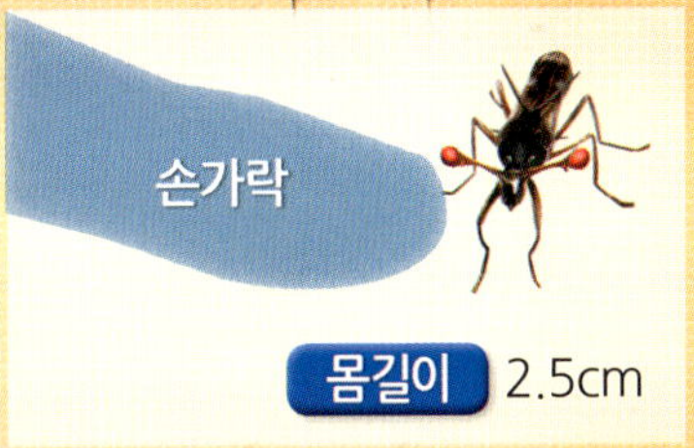

손가락

몸길이 2.5cm

곤충류

붉은색의 기다란 코

칸델라리아뿔매미

Pyrops candelaria

POINT 붉은색 코는 계절이나 환경에 따라 푸른색을 띠거나 검게 변한다.

POINT 잡으려고 하면 '파밧' 하고 소리를 내며 눈 깜짝할 사이에 모습을 감춘다.

| 분 류 | 무척추동물>곤충류>노린재목 | 먹 이 | 수액, 과일즙 |

특 징 과일즙을 먹기 때문에 체액도 단맛이 난다고 한다.

동남아시아나 중국에서 나무를 올려다보면 선명한 초록색을 띤 곤충이 눈에 들어온다. 곤충의 머리 쪽을 보면 붉고 기다랗게 생긴 기묘한 모습의 칸델라리아뿔매미라는 것을 알 수 있다. 붉은색의 기다란 것은 칸델라리아뿔매미의 가장 큰 특징인 코이며, 이 코는 계절과 환경에 따라서 검은색이나 푸른빛이 도는 초록색으로 변하기도 한다. 하지만 기다란 코의 정확한 기능은 아직까지 알려지지 않았다.

많은 곤충들이 다양한 위장 방법으로 자신의 몸을 숨기는 반면 칸델라리아뿔매미는 눈에 잘 띄는 화려한 색과 모습으로 마치 자신을 과시하는 듯이 보인다.

"걸쭉한 코가 자랑스러워!"

화려한 몸 빛깔을
드러내다!

서식지 동남아시아, 중국

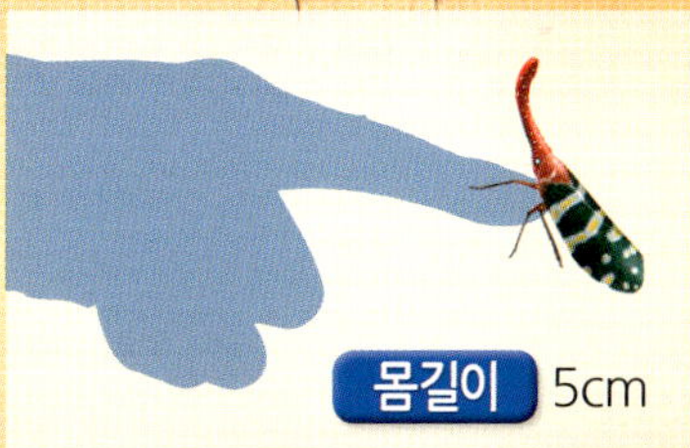

몸길이 5cm

포유류

주름얼굴박쥐

쭈글쭈글한 마녀의 얼굴

Centurio senex

평균적으로 암컷이 수컷보다 몸이 조금 크다.

POINT 두개골이 진화하면서 얼굴에 주름이 생겼다.

분류 척추동물>포유류>박쥐목
먹이 과일
특징 몸이 큰 편이 아니라 육식 박쥐의 먹잇감이 되기도 한다.

주름얼굴박쥐는 이름처럼 얼굴에 주름이 많고 피부가 늘어져 있다. 밤에 활동하는 야행성 동물이며, 몸은 주로 갈색이나 회색을 띤다. 얼굴의 쭈글쭈글한 주름은 두개골(머리뼈)이 진화하면서 생긴 것이라고 한다. 이러한 진화로 인하여 얼굴은 흉측해졌지만 단단한 턱을 가질 수 있게 되었으며, 이 턱은 딱딱한 과일을 깨물어 먹을 수 있을 만큼 매우 튼튼하다. 얼굴의 주름에는 털이 없고 주름은 두 눈썹 사이와 코 주변에 집중되어 있다. 온통 주름투성이인 얼굴을 보면, 혹시 마녀의 저주를 받아 급격하게 노화한 것은 아닐까 하는 재미있는 생각이 들기도 한다.

"오랏차! 날 보고 놀라지 마!"

쭈글쭈글 오싹한 얼굴!

| 1 육지 | 2 곤충 | **3 비행** | 4 바다 | 5 심해 | 6 습지 | 7 멸종 |

서식지: 중앙아메리카, 멕시코

몸길이: 5.5cm

곤충류

악마의 뿔이 난 곤충
초승달뿔매미
Cladonota Sp.

POINT
초승달 모양 뿔
막 성충이 되었을 때는 뿔을 포함한 온몸이 반투명해 몸속이 들여다보인다.

분 류 무척추동물>곤충류>노린재목	**먹 이** 수액
특 징 초승달뿔매미의 종류만 해도 10여 종류가 발견되었다.	

중앙아메리카 남쪽에 위치한 코스타리카에 가면 작은 곤충이 거무스름한 색의 말라 죽은 나뭇가지 흉내를 내고 있는 모습을 볼 수 있다. 하지만 이것은 나뭇가지가 아닌 초승달뿔매미일 가능성이 크다.

초승달뿔매미는 이름 그대로 초승달 모양의 커다란 뿔이 머리에서 꼬리까지 길게 자라나 있다. 이 뿔은 마치 악마의 머리에 난 뿔과도 같고 알파벳 C자 모양처럼도 생겼다. 이 뿔은 초승달뿔매미가 나무의 싹을 감싸는 보호막인 '눈껍질'로 위장하기 위하여 진화한 모습으로 추정된다.

"나뭇가지일까? 곤충일까?"

적을 피해
눈껍질로 위장!

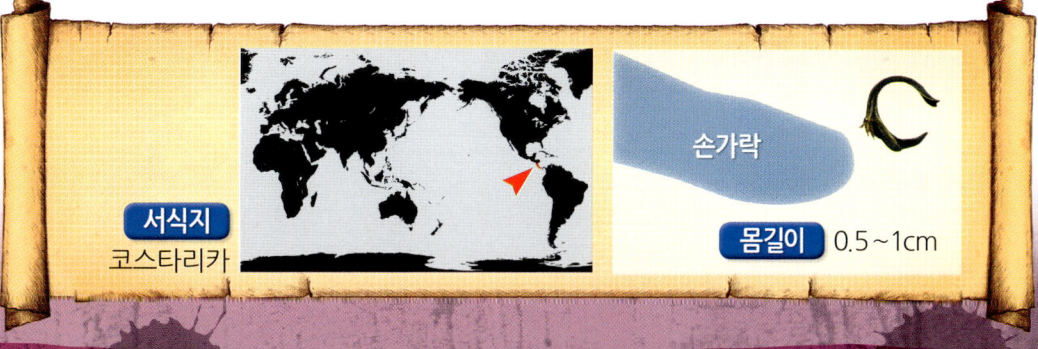

서식지 코스타리카
몸길이 0.5~1cm
손가락

곤충류

악어머리뿔매미

악어 얼굴을 달고 다니는 곤충

Fulgora laternaria

다양한 별명
하늘을 나는 악어, 악어 곤충, 뱀매미 등의 다양한 별명이 있다.

적이 나타나면 눈 모양이 있는 날개를 펼쳐 위협한다.

POINT

| 분 류 | 무척추동물＞곤충류＞노린재목 | 먹 이 | 수액 |
| 특 징 | 희귀한 생김새 때문에 다양한 별명과 전설이 전해진다. | | |

악어머리뿔매미의 이름은 옆에서 본 얼굴의 생김새가 악어의 머리를 닮아 붙여졌다. 그래서 '악어 곤충' 또는 '하늘을 나는 악어'라고 불리기도 하며, 커다란 머리가 가장 큰 특징으로 꼽힌다.
악어머리뿔매미는 **주로** 나무 위에서 생활하며, 뒤쪽 날개에는 커다란 눈 모양의 무늬가 있다. 이 무늬는 가짜 눈 역할을 하며 천적을 위협하는 방어 무기로 쓰인다. 악어머리뿔매미가 서식하는 지역의 사람들은 몸에 비해 기형적으로 큰 머리를 가진 악어머리뿔매미를 '숲 악령의 화신'으로 생각하며 불길하게 여겼다고 전해진다.

"하늘을 나는 악어, 등장!"

눈 모양의 무늬로 적을 속이다!

서식지 라틴 아메리카, 브라질

몸길이 7cm

1 육지
2 곤충
3 비행
4 바다
5 심해
6 습지
7 멸종

곤충류

네혹뿔매미

미스터리한 4개의 혹

Bocydium globulare

언뜻 보면 얼굴로 착각되는 4개의 혹이 있다.

POINT

POINT

빨대 모양의 입으로 수액을 빨아 마신다.

| 분 류 | 무척추동물＞곤충류＞노린재목 | 먹 이 | 수액, 꽃꿀 |

특 징 날아다니기보다 다리를 이용해 걷기를 더 잘한다.

중앙아메리카 남쪽에 위치한 코스타리카에는 많은 종류의 뿔매미가 서식하고 있다. 그중에는 초승달뿔매미(78쪽)와 같이 희귀한 모습으로 진화한 원인이 밝혀지지 않은 동물들도 적지 않다. 네혹뿔매미 역시 어떤 이유로 지금의 모습이 되었는지 밝혀지지 않았으며, 머리 위에 달린 네 개의 혹은 마치 우주와 교신하기 위한 안테나처럼 보이기도 한다.

네혹뿔매미 머리에 달린 혹이 어떤 기능을 하는지에 대해서는 다양한 의견이 있다. 수컷이 암컷에게 과시하기 위한 용도이거나, 적과 싸움을 할 때 사용하는 무기 또는 몸을 숨길 때 사용하는 위장 도구일 것으로 추정한다.

"혹의 미스터리를 풀어 줘!"

걸어 다니는 괴기 곤충!

서식지: 코스타리카
몸길이: 5mm 

83

곤충류

뱀의 머리를 가진 나방
아틀라스산누에나방
Attacus atlas

튼튼한 고치실
고치실을 가공해 지갑 등의 물건을 만드는 데 사용한다.

POINT 성충이 되면 입이 없어지기 때문에 유충 시기에 저장한 영양소를 다 쓰고 나면 죽는다.

POINT 양쪽 날개 끝이 머리를 들고 있는 뱀의 모양처럼 생겼다.

분류	무척추동물>곤충류>나비목
먹이	알려지지 않음.
특징	짝짓기 시간이 긴 편이며, 최장 10시간이나 된다고 한다.

나방은 나비목의 90% 이상을 차지하며, 나비의 약 10배나 되는 개체 수를 자랑한다고 한다. 이런 나방 가운데 세계에서 가장 큰 나방으로 알려져 있는 것이 아틀라스산누에나방이다. 아틀라스산누에나방은 사람들에게 혐오감을 주는 곤충으로도 꼽히는데, 그 이유는 일반 나비보다 색이 칙칙하고 날개 모양이 특이하기 때문이다. 양쪽 날개 끝이 마치 뱀이 머리를 처들고 있는 모습처럼 생겼다. 아틀라스산누에나방의 날개를 보고 물개가 바깥을 바라보는 모습 같다고 하는 사람들도 있다고 한다. 이런 날개의 형태는 천적을 위협하는 효과가 있다고 추정될 뿐 어떤 기능을 하는지에 대해서는 정확하게 밝혀지지 않았다.

"뱀일까? 나방일까?"

놀라운 위장술! 적을 따돌리는

1 육지
2 곤충
3 비행
4 바다
5 심해
6 습지
7 멸종

서식지 인도, 중국, 대만, 일본, 뉴기니섬

몸길이 20~25cm

가장 위험한 생물

정글이나 깊은 바다뿐만 아니라 사람이 사는 곳 가까이에 있는 강이나 바다에도 야생 동물의 위험이 도사리고 있다. 조심해야 할 위험 생물 5종을 알아보자.

1. 골리앗타이거피시

성질이 매우 사납고 거칠어서 사람까지도 공격하는 골리앗타이거피시가 가장 위험한 생물 1위에 올랐다.

2. 작은부레관해파리

작은부레관해파리의 독에 쏘인 사람은 죽을 수도 있다. 바닷가에 놀러 갔을 때 가장 조심해야 할 생물이다.

3. 파란고리문어

복어의 독으로 유명한 테트로도톡신을 가지고 있어서, 파란고리문어에게 물리면 그 자리에서 죽을 수도 있다.

4. 아마존왕지네

쥐나 박쥐를 단번에 죽일 수 있는 독을 지니고 있다. 공격력이 뛰어나기 때문에 인간도 방심할 수는 없다.

5. 톱가오리

성격이 온순하지만, 날카로운 톱날로 물고기를 간단히 자를 수 있기 때문에 함부로 다가가 자극해서는 안 된다.

4장
오싹한 바다왕

지구의 70%를 차지하는 드넓은 바다. 넓고 푸른 바다를 누비며 살아가는 악어물고기, 흉내문어 등의 괴기 생물들을 소개한다.

갑각류

바다에 사는 흡혈 사슴벌레
바다사슴벌레
Gnathiidae

상반신은 사슴벌레, 하반신은 새우처럼 생겼다.

POINT

암컷의 생태
성체가 된 암컷은 짝짓기를 한 다음에 알을 낳고 천천히 일생을 마친다.

분 류	무척추동물>갑각류
먹 이	물고기의 피
특 징	다른 동물의 체액을 빨아 먹으며 사는 기생 동물이다.

바다사슴벌레는 이름 그대로 바다에 사는 사슴벌레다. 하지만 생김새만 사슴벌레와 닮았을 뿐 숲에 사는 진짜 사슴벌레는 아니다. 바다사슴벌레는 새우나 게 같은 갑각류에 속하며 상반신은 사슴벌레, 하반신은 새우와 비슷한 모습을 하고 있다. 머리 부분의 집게발이 특히 사슴벌레와 닮았는데, 이 집게발이 어떤 기능을 하는지는 자세히 밝혀지지 않았다. 하지만 집게발이 수컷에게만 있다는 점으로 보아 번식과 관련된 경우에 사용될 것으로 추정한다. 어린 시기에는 다른 동물의 몸에 기생하여 피 등의 체액을 빨아 먹으며 영양을 섭취한다. 하지만 성체가 되면 먹이를 전혀 먹지 않고 생을 마친다.

하반신은 새우!
상반신은 사슴벌레!

서식지 전 세계 바다

몸길이 1cm 이하

환형동물

노란풀양목갯지렁이

독침을 가진 바다의 송충이

Chloeia flava

위험을 느끼면 털을 꼿꼿이 세우고 위협 자세를 취한다.

POINT

생태와 습성
낮에는 바위 밑이나 모래 속에 숨어 있다가 밤이 되면 밖으로 나와 헤엄치며 다닌다.

| 분 류 | 무척추동물>환형동물>양목갯지렁이목 | 먹 이 | 크릴새우 |

특 징 찔리면 심한 통증과 화상을 입은 듯한 증상이 나타난다.

밤에 낚시를 하다 보면 낚싯바늘에 송충이 같이 생긴 벌레가 딸려 올라올 때가 있다. 이것은 벌레가 아닌 노란풀양목갯지렁이로, 갯지네나 갯지렁이 혹은 육지에서 볼 수 있는 지렁이의 일종이다. 노란풀양목갯지렁이의 생김새는 솔나방의 애벌레인 송충이와 비슷하지만 몸 색깔이 더 선명하고 단단한 털이 나 있다. 이 털은 속이 비어 있고, 그곳을 통해 독을 내뿜기 때문에 아무런 장비 없이 맨손으로 만지면 위험하다.
노란풀양목갯지렁이의 다리에 찔리면 며칠 동안 극심한 고통을 느끼게 되는데, 그 고통은 마치 지옥에 떨어진 것과 같은 매우 끔찍한 고통이라고 한다.

독을 내뿜는 단단한 가시 털!

"경고! 절대 만지지 마시오!"

1 육지
2 곤충
3 비행
4 바다
5 심해
6 습지
7 멸종

서식지 인도양~서태평양
몸길이 10cm

어류

악어물고기

해저에 숨어 있는 어둠의 왕

Cymbacephalus beauforti

뛰어난 위장 기술
산호가 많이 있는 바다 밑바닥에서 주변 풍경에 동화되어 생활한다.

POINT

재미있는 별명
무시무시한 염라대왕과 닮았다고 하여 '염라대왕물고기'로 불린다.

| 분 류 | 척추동물>어류>쏨뱅이목 | 먹 이 | 물고기 |

특 징 위압감을 주는 얼굴에서 악어물고기라는 이름이 유래했다.

악어물고기는 일본에서 '염라대왕물고기'라고도 불린다. 생김새가 지옥을 다스리는 무시무시한 염라대왕을 닮았기 때문에 붙여진 별명이라고 한다. 넓적한 몸에 툭 튀어나온 입, 동그란 눈은 실제로 보면 험악한 분위기를 물씬 풍긴다고 한다.
악어물고기는 산호가 낳은 바다에서 볼 수 있으며, 평소에는 주변 풍경에 동화(서로 같게 됨)되어 얌전히 시간을 보낸다. 그리고 눈앞에 물고기가 지나가면 순식간에 입속으로 집어삼켜 버린다. 사냥을 할 때뿐만 아니라 적으로부터 자신의 몸을 숨기고 싶을 때도 주변 풍경에 녹아들어 얌전히 위장하고 있다고 한다.

"너를 지옥으로 데려다주마!"

험상궂은 울퉁불퉁 얼굴!

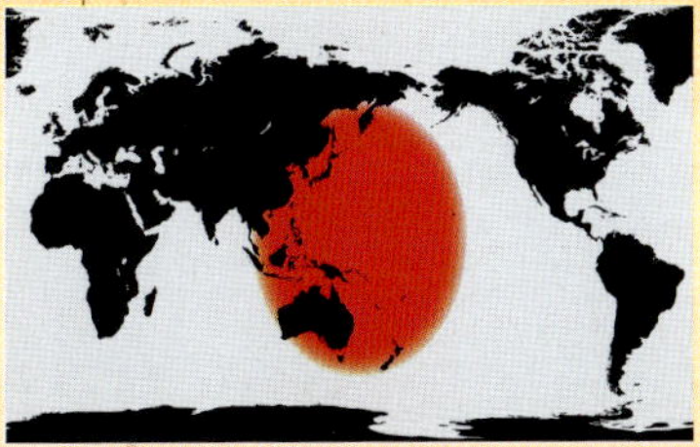

서식지 서태평양 등	**몸길이** 50cm

극피동물

큰닻해삼
머리 없는 바다뱀처럼 생긴 해삼

Synapta maculata

- 번식기가 되면 긴 몸을 여러 번 꼬고 머리를 세게 휘두른다. **POINT**
- 몸길이가 보통 3m 정도 되며, 가장 큰 것은 4.5m나 된다고 한다. **POINT**

분 류 무척추동물>극피동물>무족목
먹 이 진흙 속 유기물 등
특 징 생김새 때문에 그리스 신화에 나오는 괴물, 메두사로 불린다.

큰닻해삼은 해삼의 한 종류로, 언뜻 보면 머리가 없는 바다뱀처럼 보이는 오싹한 모습을 하고 있다. 몸의 길이가 보통 3m 정도 되며 큰 개체는 4.5m나 된다. 이름만 보고 보통의 해삼을 상상하면 전혀 다른 모습에 깜짝 놀랄 것이다.
큰닻해삼의 머리에는 괴기스러워 보이는 촉수가 달려 있는데, 이 촉수는 먹이를 섭취하기 위해 끊임없이 꿈틀거린다. 이 모습은 마치 무시무시한 괴물이 먹잇감을 찾아다니는 것처럼 오싹해 보인다고 한다. 하지만 큰닻해삼은 진흙 속에 있는 유기물(생물체에 의해 만들어지는 물질)을 먹는 등 땅을 깨끗하게 하는 일도 하기 때문에 미워할 수만은 없는 생물이다.

"스르르~, 바다뱀인 줄 알았지?"

서식지	몸길이
전 세계 열대 바다 등	3~4.5m

환형동물

왕털갯지렁이

물고기를 잡아먹는 초대형 갯지렁이

Eunice aphroditois

미스터리한 생태
존재는 확인되었으나 수명이나 번식 방법 등이 알려지지 않은 수수께끼의 동물이다.

POINT
몸이 빛에 따라서 7가지의 색을 띤다.

분류	무척추동물＞환형동물＞털갯지렁이목
먹이	물고기
특징	독이 없어 물려도 안전하지만, 턱의 힘이 강해 매우 아프다.

갯지렁이는 낚시를 할 때 미끼(낚시 끝에 꿰는 물고기의 먹이)로 많이 사용된다. 하지만 왕털갯지렁이는 보통의 갯지렁이와는 달리 직접 물고기를 습격하여 잡아먹는 사납고 난폭한 갯지렁이다.
왕딜갯지렁이는 몸길이가 3m나 되는 초대형 갯지렁이지만 몸의 대부분을 모래 속에 숨기고 있다. 그리고 얼굴만 조금 내밀고는 먹잇감을 잡아먹는다. 모래 밖으로 내민 머리끝에는 다섯 개의 더듬이가 있으며, 이 더듬이로 먹이를 감지한다. 이빨이 매우 날카로워 때로는 먹잇감을 한순간에 반 토막을 내 버리는 무시무시한 갯지렁이다.

"더듬이가 5개나 있어!"

무시무시한 이빨 공격!

서식지 전 세계 온대~열대 바다

몸길이 9cm~3m

1 육지
2 곤충
3 비행
4 바다
5 심해
6 습지
7 멸종

자포동물

작은부레관해파리
독을 내뿜는 푸른 관해파리

Physalia physalis

촉수에 닿으면 '자포'라는 미세한 독침을 발사한다. 이 독침에 쏘여 강렬한 고통을 느끼게 된다.

POINT

관해파리류는 알에서 나온 여러 개체가 무리를 이루며 사는 군체 생물이다.

분 류 무척추동물>자포동물>관해파리목 **먹 이** 작은 물고기
특 징 초여름부터 가을 사이에 물가로 올라오는 경우가 있다.

해파리의 독성 때문에 해수욕을 금지하는 바닷가가 있을 만큼 해파리의 독성은 강력하다. 작은부레관해파리도 독이 있는 해파리 중 하나로, 독성이 강해 '전기해파리'라는 별명도 있다. 작은부레관해파리는 크게 부푼 풍선 같은 부분이 부레(공기 주머니) 역할을 하여 바다 위로 떠오른다.
선명한 푸른빛을 띠는 예쁜 모습과는 달리 바닷속으로 촉수를 최장 50m나 늘어뜨려 접촉하는 모든 것에 강력한 독을 뿜어낸다. 독성이 매우 강하여 쏘이면 심한 통증과 함께 부풀어 오른다. 심한 경우에는 호흡 곤란을 일으킬 수 있으므로 바로 병원을 찾아 치료해야 한다.

"바닷가에서 가장 위험한 동물!"

강력한 독으로 사람도 공격한다!

서식지 전 세계 온대~열대 바다

몸길이 13cm~50m(촉수 포함)

연체동물

흑갯민숭달팽이
독을 품은 화려한 돌기

Phyllidia varicosa

방어 무기, 독
위험이 닥치면 독을 내뿜어 공격한다. 독성 때문에 식용으로 사용할 수 없다.

POINT
새까만 몸이 해삼과 비슷하며, 검은색에 푸른 띠가 있는 모습이 우주 생물처럼 보인다.

분류 무척추동물>연체동물>나새목 **먹이** 알려지지 않음.
특징 눈에 띄는 색깔로 쉽게 발견되지만, 생태는 잘 알려지지 않았다.

연체동물 대부분이 부드러운 몸을 보호하기 위해 껍데기(패각)를 가지고 있는 반면, 복족류에 속하는 갯민숭달팽이 종류는 껍데기를 가지고 있지 않다. 또한 갯민숭달팽이는 머리에 있는 두 개의 더듬이가 소의 뿔과 비슷해서 소를 뜻하는 '해우'라고 부르기도 한다.
특히 갯민숭달팽이라고 하면 붉은색, 노란색, 파란색 등 다양한 색상의 배색으로 유명하며, 이 흑갯민숭달팽이 역시 매우 선명한 색상을 띤다. 검은 바탕에 파란색 띠, 그리고 띠 위에 노란색 돌기들이 튀어나와 있다. 선명하고 예쁜 색상을 띠는 모습과는 달리 독을 내뿜어 공격하기 때문에 주의해야 한다.

바다의 패션왕!

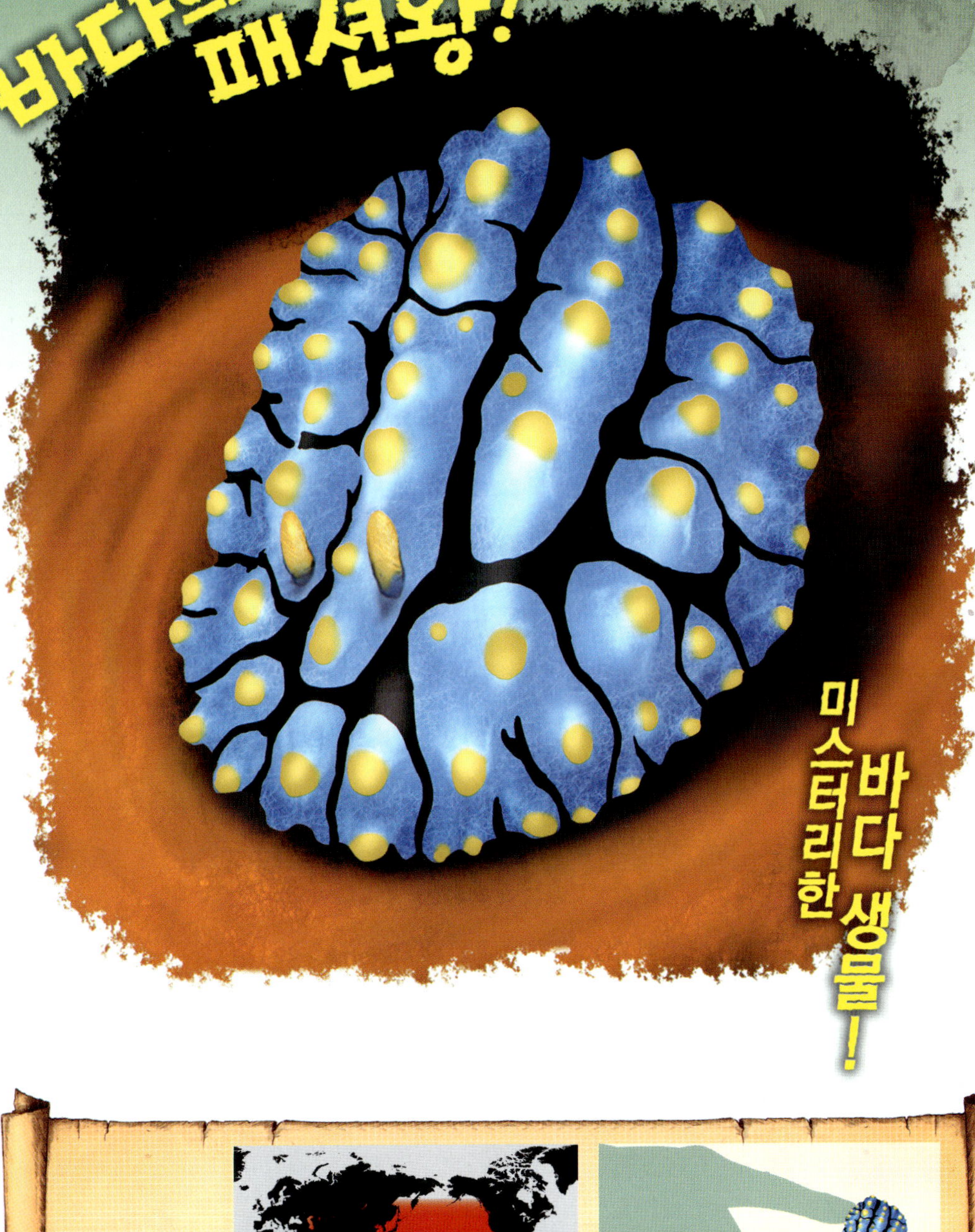

미스터리한 바다 생물!

서식지 태평양, 인도양 등

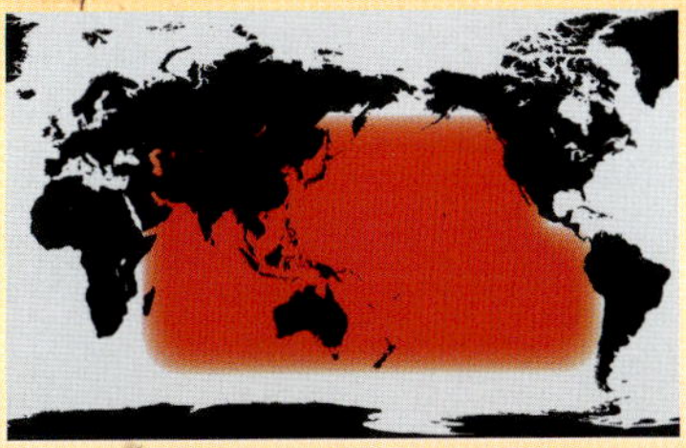

몸길이 7cm

등각류

물고기 입안에 사는 기생충
렉사넬라 베루코자
Ceratothoa verrucosa

성별의 결정
태어났을 때는 성별이 없고 물고기에 기생하면서 성별이 결정된다.

POINT
물고기의 입안에 들어가도 아무도 알아채지 못할 정도로 매우 작다.

분류	무척추동물>등각류>등각목
먹이	물고기의 체액
특징	일본에서는 '도미의 복구슬'이라 하여 좋은 조짐으로 여겼다.

렉사넬라 베루코자는 물고기에 기생하는 기생충의 일종으로 주로 물고기의 입안에서 발견된다. 발견 당시 도미가 먹이로 삼은 것처럼 입안에 기생해 있었기 때문에 '도미의 먹이'라는 이름이 붙여지기도 했다. 렉사넬라 베루코자는 물고기의 입으로 들어가 자리를 잡은 뒤 입으로 들어오는 영양소를 먹으며 살아간다. 렉사넬라 베루코자는 태어났을 때 성별이 정해지지 않고, 물고기의 입안에 자리를 잡은 후에야 암컷이나 수컷으로 성별이 결정된다. 또 다른 렉사넬라 베루코자가 물고기의 입으로 들어와 성별이 정해지면 암컷과 수컷은 짝짓기를 하고 암컷은 기생한 채로 알을 낳는다고 한다.

"물고기의 입안이 좋아!"

도미의 체액을 먹는 엽기적인 기생충!

1 육지
2 곤충
3 비행
4 바다
5 심해
6 습지
7 멸종

서식지 한국과 일본 주변 바다

몸길이 암컷 20mm, 수컷 50mm

손가락

103

어류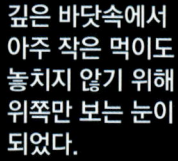

도끼고기
날렵한 몸매의 숨바꼭질 달인

Argyropelecus hemigymnus

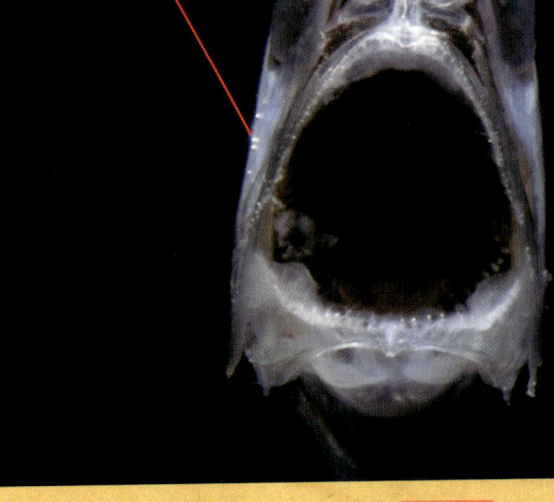

놀라운 교란 작전
은색의 몸이 빛을 반사하여 적의 시선을 어지럽게 만든다.

POINT

깊은 바닷속에서 아주 작은 먹이도 놓치지 않기 위해 위쪽만 보는 눈이 되었다.

POINT

분류 척추동물>어류>앨퉁이목	**먹이** 작은 새우나 물고기
특징 나무를 다듬는 연장, 자귀를 닮아 '자귀어'라는 별명이 있다.	

도끼고기는 햇빛이 잘 닿지 않는 깊은 바다에 사는 물고기다. 얼굴에 비해 거대한 눈 때문에 정면에서 본 모습이 매우 기괴해 보인다. 이 거대한 눈은 위쪽만 볼 수 있는데, 어두운 바다에서 빛에 어리는 아주 작은 먹잇감의 실루엣까지 감지하기 위해 위쪽 방향만을 보는 눈이 되었다고 한다.
또 도끼고기는 적에게 자신이 잘 보이지 않게 하기 위하여 가능한 한 몸을 얇고 작게 진화시켰으며, 옆에서 보면 은색의 몸이 빛을 반사해 적의 시선을 따돌릴 수도 있다. 배 부분에는 빛을 낼 수 있는 발광 기관이 있어 바닷속으로 들어오는 적은 양의 빛과 같은 밝기를 유지할 수 있다.

"심해 유령, 나가신다~!"

심해를 떠도는 유령 물고기!

서식지: 태평양, 대서양, 인도양

몸길이: 3~10cm

갑각류

화살게
톱날 같은 뿔이 달린 게

Stenorhynchus seticornis

수족관의 해충으로 알려져 있는 노란풀양목갯지렁이의 천적이다.

뿔의 기능은 아직 밝혀지지 않았으며 적을 쫓을 때 사용할 것이라고 추정한다.

POINT

분 류	무척추동물>갑각류>십각목
먹 이	갯지렁이, 해조류
특 징	수족관에서 볼 수 있지만, 생태는 잘 알려지지 않았다.

화살게는 우리가 흔히 알고 있는 보통의 게에 비해 몸의 크기가 작고 다리가 매우 길고 가늘다. 생김새만 본다면 게보다는 거미 쪽에 더 가까워 보이는 바닷게이다. 화살게의 가장 큰 특징은 머리에 있는 톱날처럼 생긴 긴 뿔이다. 이 톱날 모양의 뿔을 이용해 적을 쫓는다고 알려져 있지만, 뿔의 정확한 기능에 대해서는 아직 밝혀지지 않았다.

수중 생물을 키우는 수조를 관리하다 보면, 생물에 피해를 주는 노란풀양목갯지렁이가 생겨 곤란을 겪는 경우가 있다. 그런데 화살게가 노란풀양목갯지렁이를 잡아먹는 천적이기 때문에 수조를 관리하는 사람들에게 인기가 있다고 한다.

"쉿! 비밀이야!"

톱날 모양 뿔로 적을 물리치다!

서식지 서대서양과 동대서양 일부

몸길이 6cm

어류

갑자기 나타나는 괴생명체
사르케스틱 프린지헤드
Neoclinus blanchardi

커다란 입
적을 위협하거나 먹이를 잡을 때 커다란 입을 사용한다.

POINT

공격 방법
사는 곳, 먹이 등을 두고 경쟁자가 나타나면 서로 맞붙어 누구의 입이 더 큰지 입을 벌려 겨룬다.

분 류 척추동물>어류>농어목 **먹 이** 작은 물고기, 새우, 게
특 징 입을 자신의 몸 크기만큼 크게 벌릴 수 있다.

사르케스틱 프린지헤드는 바닷물고기인 베도라치의 일종이다. 장어처럼 몸이 유연하여 좁은 바위틈이나 조개 등에 몸을 숨길 수 있다. 언뜻 보면 보통의 물고기 같아 보이지만 자세히 관찰하면 입의 구조가 매우 특이하다는 것을 알 수 있다.
사르케스틱 프린지헤드는 자신의 영역에 매우 민감하고 성격이 공격적이다. 그래서 자신의 영역을 침범하거나 먹이를 빼앗으려는 경쟁자가 나타나면 입을 자신의 몸 크기만큼이나 크게 벌려 위협한다. 커다랗고 괴기한 입은 동료 수컷을 위협하거나 작은 물고기 등의 먹잇감을 사냥할 때 사용하며, 자신의 알에 신선한 바닷물을 공급할 때도 사용한다.

촤아악~

커다란 입으로 위협하다!

서식지
북아메리카와 캘리포니아 주변 얕은 바다

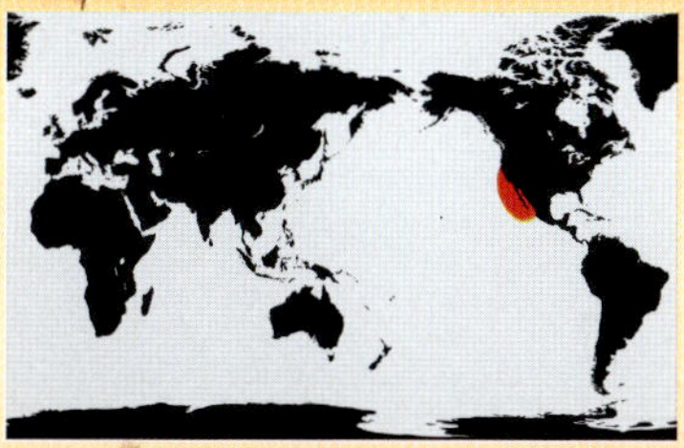

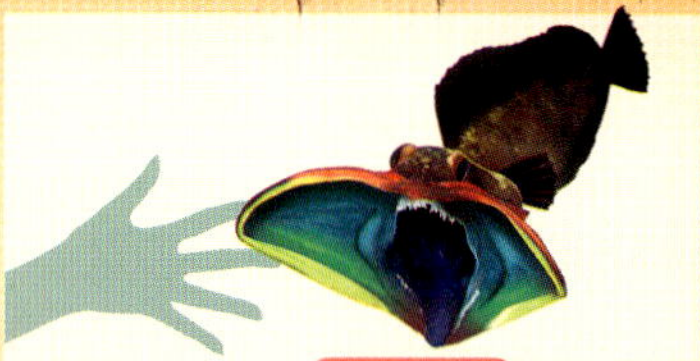

몸길이 30cm

1 육지
2 곤충
3 비행
4 바다
5 심해
6 습지
7 멸종

어류

톱가오리
날카로운 톱날을 가진 가오리
Pristidae

반전 성격
무서운 생김새와는 반대로 성격이 온순하여 사람을 공격하지는 않는다.

POINT 100만 분의 1V(볼트) 정도의 약한 전기를 감지하는 능력이 있다.

분류	척추동물>어류>톱가오리목
먹이	작은 물고기, 갑각류
특징	의약품 재료로 사용된다는 소문에 멸종 위기에 놓여 있다.

톱가오리의 가장 큰 특징은 길쭉한 주둥이다. 한 번 보면 절대로 잊을 수 없을 만큼 특이하게 생긴 이 주둥이는 입과 그 주변이 돌출되면서 만들어졌다. 곧게 앞쪽을 향해 뻗어 있는 주둥이는 톱날 모양으로, 양옆에 뾰족한 칼날이 여러 개 달려 있다.
톱날 모양 주둥이는 작은 물고기나 게 등의 먹잇감을 정확히 두 동강 낼 수 있을 정도로 예리하다. 머리를 좌우로 마구 흔들며 먹잇감의 몸을 절단하는 모습이 마치 괴물이 사납게 날뛰는 것처럼 무시무시하다고 한다.
무서운 생김새와는 달리 평소에는 성격이 온순한 편이어서 사람을 공격하지는 않지만 다가가지 않는 게 좋다.

먹잇감을 제압하는 주둥이 공격!

드르륵~

"톱날 맛 좀 봐라!"

서식지 전 세계 열대 바다

몸길이 7m

연체동물

잎갯민숭이

꽃 모양의 투명한 바다 동물

Melibe pilosa

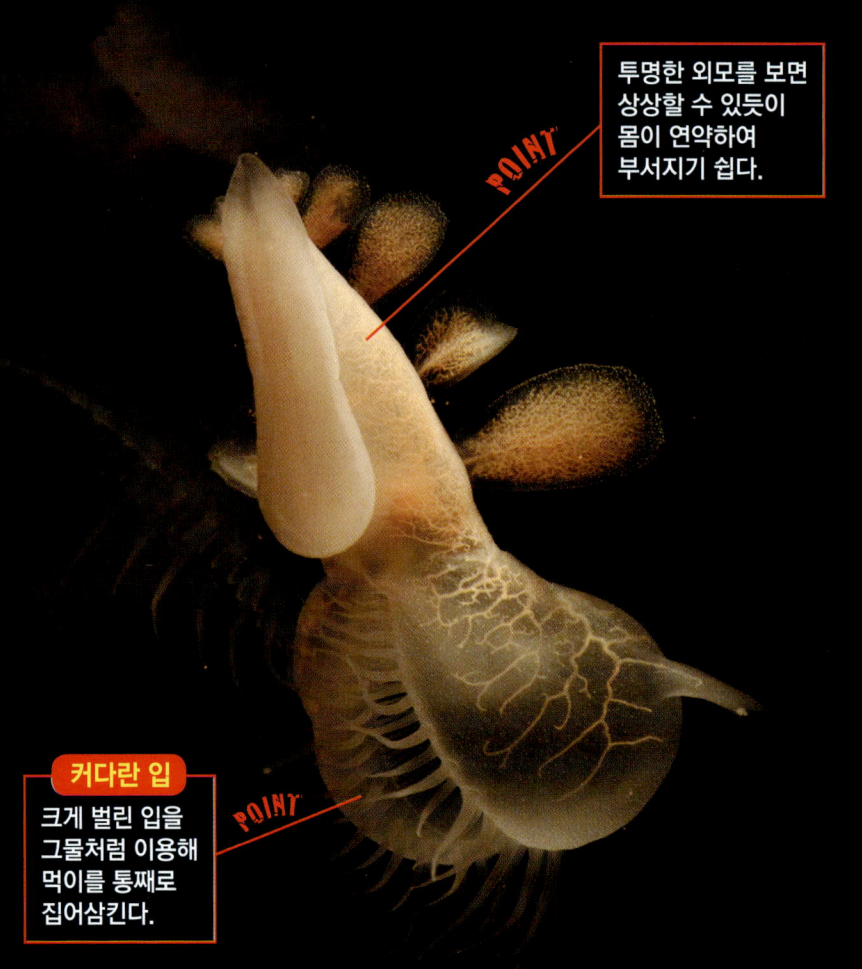

POINT 투명한 외모를 보면 상상할 수 있듯이 몸이 연약하여 부서지기 쉽다.

커다란 입 크게 벌린 입을 그물처럼 이용해 먹이를 통째로 집어삼킨다. **POINT**

분류 무척추동물>연체동물>나새목　**먹이** 플랑크톤, 작은 새우
특징 몸의 색깔이 투명한 편이며 매우 연약하다.

갯민숭이류에는 특이한 모습의 개체가 많다. 빨간색, 파란색, 노란색 등의 다양하고 신비로운 색을 띠는가 하면, 애니메이션에 등장하는 희귀 생물이나 우주 생명체처럼 생긴 것들도 있다. 하지만 잎갯민숭이는 이런 갯민숭이들과는 달리 반투명한 몸에 크게 벌린 입만 있는 모습을 하고 있다. 다른 갯민숭이와 비교해 보면 존재감조차 느껴지지 않는 생김새이다.
먹이를 먹을 때는 큰 입으로 땅바닥을 덮고 그곳에 있는 플랑크톤(물속을 떠다니는 작은 생물)이나 작은 새우 등을 입속으로 빨아들인 뒤 천천히 삼킨다. 반투명한 몸은 조금만 힘주어 잡아도 흩어져 버릴 정도로 연약하다고 한다.

"괴기 생물 중에서 제일 귀엽지?"

큰 입으로 먹잇감을 빨아들이다!

서식지 한국 동해, 일본 사가미만 아래 태평양

몸길이 10cm

1 육지
2 곤충
3 비행
4 바다
5 심해
6 습지
7 멸종

113

절지동물

공작갯가재
강력한 펀치를 자랑하는 권투 선수
Odontodactylus scyllarus

위장을 위한 색깔
빨간색, 파란색, 초록색의 선명한 몸 색깔은 산호초의 색을 모방하여 위장한 것이다.

POINT

적이 공격해 오면 큰 집게발과 뾰족한 다리로 반격한다.

POINT

분 류	무척추동물>절지동물>구각목	먹 이	조개, 갑각류

특 징 3원색밖에 볼 수 없는 사람과 달리 11~12원색을 본다고 한다.

공작갯가재는 산호초와 같은 암초에 서식하는 화려하고 선명한 색을 지닌 갯가재이다. 새우나 게를 닮은 생김새 때문에 '큰사마귀새우'라고도 불린다. 빨간색, 파란색, 초록색의 선명한 색을 띠는데, 이 색은 공작갯가재가 서식하는 산호초의 색을 모방한 것이라고 한다.
갯가재 무리는 입 바로 밑에 잘 발달된 앞다리(집게발)가 있는데, 이 앞다리는 매우 빠른 속도로 펀치를 날릴 수 있다. 특히 공작갯가재의 앞다리는 조개껍데기를 깨뜨릴 수 있을 정도로 힘이 세다. 사람도 물리면 아픔을 느낄 정도이며, 수조에서 키울 경우 수조의 유리를 깨는 일도 있다고 한다.

"바다 최고의 펀치왕!"

앞다리 무시무시한 펀치 공격!

서식지: 동남아시아 주변 바다, 인도양 등

몸길이 15cm

1 육지
2 곤충
3 비행
4 바다
5 심해
6 습지
7 멸종

갑각류

코코넛크랩
야자열매 껍데기도 깨는 집게
Birgus latro

커다란 몸집
육지에 사는 게 가운데 몸집이 가장 크다.

재밌는 습성
은식기 등의 반짝이는 물건을 가져가는 습성이 있어 '도둑게'라는 별명이 생겼다.

독성이 없어 식용으로 쓰이지만 독이 있는 생물을 먹은 경우에는 독을 갖고 있기도 하다.

분 류 무척추동물>갑각류>십각목　　**먹 이** 야자열매
특 징 멸종 위기 종으로 지정되어 포획이 금지된 지역이 있다.

코코넛크랩은 이름 그대로 코코넛 야자열매를 주요 먹이로 하는 게이다. 야자열매 외에도 잘 먹는 잡식성이기 때문에 입에 들어가는 것은 무엇이든 먹는다고 한다.
코코넛크랩의 집게발은 단단한 야자열매 껍데기를 아주 쉽게 깰 수 있을 정도로 강력하며, 사람도 조심하지 않으면 다칠 수 있다. 다행히 밤에 활동하는 야행성이어서 낮 동안에는 눈에 잘 띄지 않지만 야자나무에 올라가 있는 경우도 있으므로 주의해야 한다.
코코넛크랩 가운데 가장 큰 개체는 몸길이가 180cm나 되는 것도 있다고 하니, 만약 마주치게 되더라도 가까이 가지 않는 것이 안전하다.

"코코넛 나무 타기 선수!"

단단한 집게발! 무엇이든 자르는!

서식지: 인도양, 태평양, 일본 요론섬 아래 바다

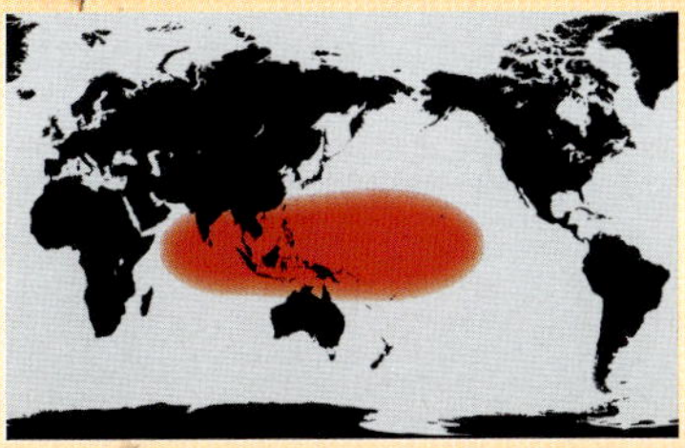

몸길이: 100~180cm

연체동물

바닷속 변신의 천재

흉내문어

Thaumoctopus mimicus

눈
무척추동물에 속하면서, 진화한 척추동물과 같은 수준의 시력을 갖고 있다.

놀라운 변신 기술
주변 환경에 따라 몸 색깔과 모양을 변화시킨다.

분 류 무척추동물>연체동물>문어목
먹 이 작은 물고기, 조개
특 징 40여 종의 생물을 모방할 수 있다고 한다.

흉내문어는 다른 생물을 모방하는 능력이 매우 뛰어나 '변신문어'라고도 불린다. 대부분의 문어는 모방 능력을 갖고 있지만, 그중에서도 흉내문어의 모방 능력은 거의 명인(어느 분야에서 뛰어나 유명한 사람) 수준이라고 할 수 있다. 다른 생물의 색깔뿐 아니라 형태나 움직임까지 완벽하게 따라하는 놀라운 능력을 자랑하기 때문이다.
흉내문어는 바다뱀으로 변신해 적을 놀라게 하거나 말미잘로 변신해 적을 따돌리기도 한다. 이와 같은 방법으로 자신의 몸을 보호하는 흉내문어의 변신 능력은 무서울 만큼 놀랍고 신비롭기까지 하다.

"무엇이든 따라 할 수 있어!"

흉내 내기의 달인!

서식지: 인도네시아~오스트레일리아 북동부 주변 얕은 바다

몸길이: 60cm

1 육지
2 곤충
3 비행
4 바다
5 심해
6 습지
7 멸종

어류

나뭇잎해룡
나뭇잎으로 위장한 바다 동물
Phycodurus eques

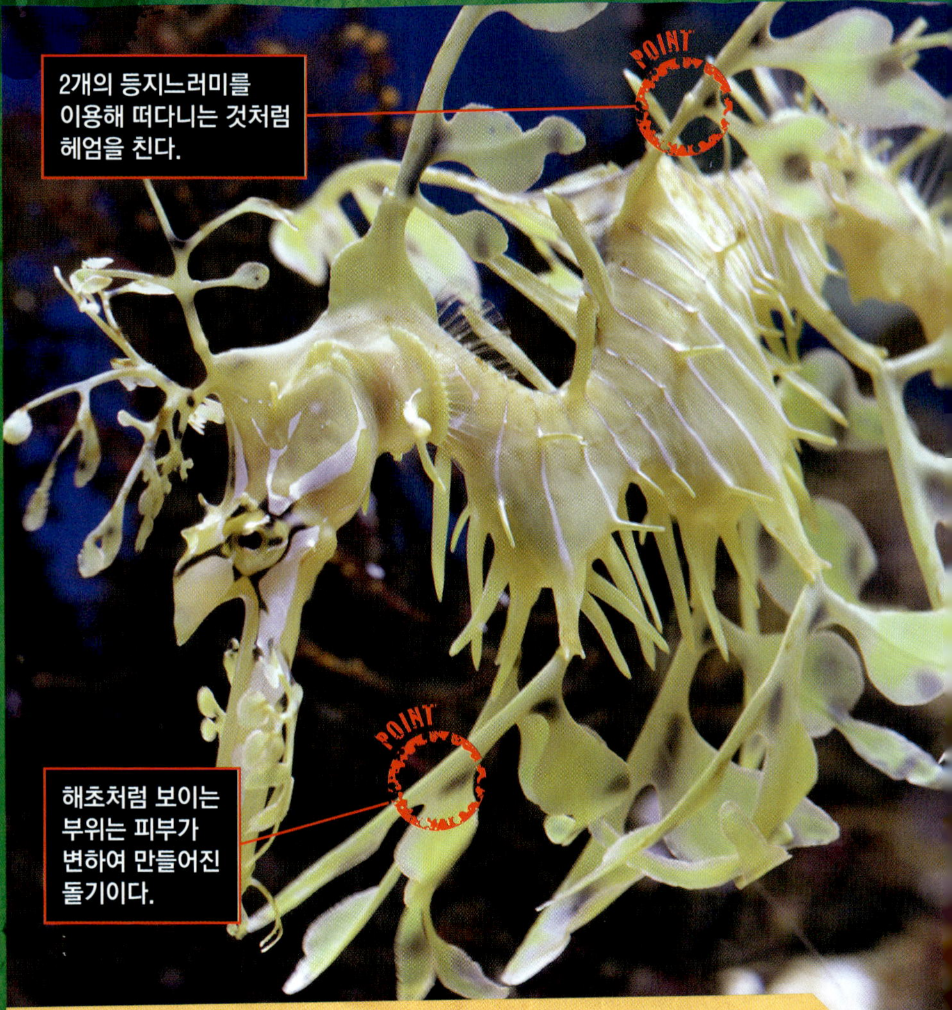

2개의 등지느러미를 이용해 떠다니는 것처럼 헤엄을 친다.

해초처럼 보이는 부위는 피부가 변하여 만들어진 돌기이다.

분 류 척추동물>어류>실고기목
먹 이 플랑크톤, 작은 물고기
특 징 수컷의 배에 있는 육아낭(새끼 주머니)에서 알을 부화시킨다.

바다 위를 떠다니는 *해초나 *해조는 동물에게 쉽게 공격받지 않는다. 나뭇잎해룡은 이 점을 이용해 해초나 해조와 비슷한 모습으로 진화한 어류이다. 해마의 일종이지만 바다를 떠다니는 모습이 정말 해초나 해조와 비슷하다. 해조 중에서도 미역에 뒤섞여 있으면 찾기 어려울 정도다.
해초나 해조로 위장한 모습은 적으로부터 자신의 몸을 보호하는 데도 효과적이지만, 그곳에 사는 작은 물고기나 플랑크톤을 유인하는 데도 효과가 있다. 물고기들은 나뭇잎해룡을 해초나 해조로 잘못 알고 다가갔다가 나뭇잎해룡의 빨대 같은 긴 입속으로 바닷물과 함께 빨려 들어가고 만다.

*해초: 꽃을 피워서 종자를 만들어 번식하는 바다 식물.

*해조: 포자에 의해 번식하는 바다 식물.

먹이를 잡아먹다!
해초로 위장해

| 1 육지 |
| 2 곤충 |
| 3 비행 |
| **4 바다** |
| 5 심해 |
| 6 습지 |
| 7 멸종 |

서식지: 오스트레일리아 남서부 주변 얕은 바다

몸길이: 30cm

어류

칠성장어
절대 떨어지지 않는 입

Lampetra japonica

뾰족한 이빨
피부가 변화되어 만들어진 이빨을 이용해 먹잇감의 몸에 착 달라붙는다.

POINT

생김새와 생태적 특징으로 보아 어류로 분류하는 것이 맞는지에 대해 아직까지 의견이 다양하다.

퇴화한 비늘
비늘이 없는 대신 점액이 많고 지느러미가 꼬리와 등에만 있다.

분 류 척추동물>어류>칠성장어목   **먹 이** 물고기
특 징 눈이 잘 발달되어 있는 편이며 턱이 없다.

장어는 우리에게 음식으로 매우 익숙한 물고기다. 하지만 이 칠성장어는 음식으로 즐기기에는 너무 괴기스럽게 생겼다. 장어라는 이름으로 불리며, 가늘고 길쭉한 생김새도 장어와 비슷하지만 장어와는 다른 종류의 물고기다. 칠성장어라는 이름은 봄 옆에 일곱 쌍의 아가미 구멍이 있어 붙여진 이름이다. 가장 큰 특징은 빨판 모양의 입으로 먹잇감인 물고기에 달라붙어 피부나 근육을 녹인 다음 체액과 함께 빨아 먹는 습성이다. 한번 달라붙으면 쉽게 떨어지지 않는다고 한다. 칠성장어는 유어(어린 물고기) 시기에는 바다에서 생활하다가 강으로 돌아와 알을 낳고 일생을 마친다.

"아가미가 14개나 있어!"

무시무시한 흡입 공격 개시!

서식지
동아시아
온대~한대
바다와 강

몸길이 50cm

가장 똑똑한 생존 전략

생물들은 야생의 세계에서 살아남기 위해 자신만의 생존 전략을 세운다. 위장 능력, 사냥 기술, 육아 방법 등 생물들의 다양하고 똑똑한 생존 전략을 만나 보자.

 **레우코클로리디움 파라독섬**

달팽이에 기생해서 살면서 달팽이의 뇌를 조정해 새가 발견하기 쉬운 장소로 이동시킨 후, 새에게 먹히게 한다.

  **흉내문어**

놀라운 위장 능력을 지녔다. 바다뱀, 게, 말미잘, 쏠배감펭 등 40여 종 이상의 생물로 위장할 수 있다.

 **왕눈이거미**

직접 짠 그물을 던져 먹잇감을 잡는다. 주로 밤에 사냥하며 큰 눈동자로 어둠 속에서도 먹잇감을 발견할 수 있다.

  **피파개구리**

어미는 자신이 낳은 알을 등으로 가져가 품는다. 알에서 깨어난 새끼는 개구리가 될 때까지 어미와 함께 생활한다.

 **천산갑**

날카로운 비늘로 몸을 보호하고, 적이 나타나면 몸을 둥글게 말고 도망친다. 이때 한쪽 손을 방향키처럼 사용한다.

5장
희귀한 심해왕

수심 200m 이상 되는 깊고 깊은 바닷속, 심해. 햇빛이 닿지 않아 어두컴컴한 심해 속 미스터리한 괴기 생물들을 만나 본다.

절지동물

거대등각벌레

Bathynomus giganteus

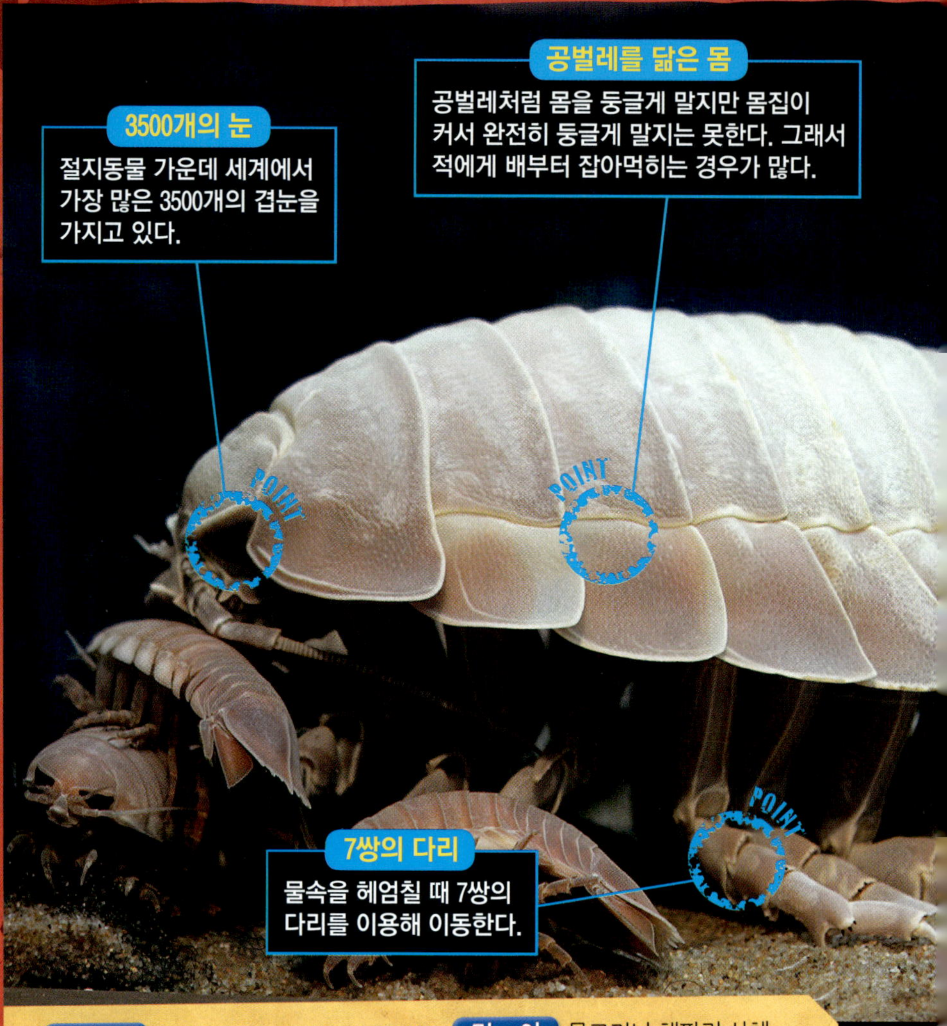

거대 공벌레처럼 생긴 심해 생물

3500개의 눈
절지동물 가운데 세계에서 가장 많은 3500개의 겹눈을 가지고 있다.

공벌레를 닮은 몸
공벌레처럼 몸을 둥글게 말지만 몸집이 커서 완전히 둥글게 말지는 못한다. 그래서 적에게 배부터 잡아먹히는 경우가 많다.

7쌍의 다리
물속을 헤엄칠 때 7쌍의 다리를 이용해 이동한다.

분류 무척추동물>절지동물>등각목　**먹이** 물고기나 해파리 사체
특징 식용으로 이용되기도 하지만 맛은 없다고 한다.

거대등각벌레는 공벌레 무리에 속한다. 공벌레라고 하면 땅 위에서 굴러다니는 모습이 떠오를 것이다. 하지만 공벌레 무리의 대부분은 바다에서 살며, 공벌레 무리 중 가장 큰 거대등각벌레는 바다 밑바닥에서 산다.
땅 위에서 볼 수 있는 공벌레는 몸길이가 고작 10mm 정도지만, 거대등각벌레는 40cm나 된다. 일곱 쌍의 커다란 다리를 이용해 스멀스멀 움직이는 모습은 혐오감을 불러일으킨다.
바다 밑바닥을 부지런히 기어 다니면서 물고기의 사체나 해파리의 부패한 사체를 찾아 먹는다. 그래서 거대등각벌레를 '바다의 청소부'라고 부르기도 한다.

"바닷속 청소는 나에게 맡겨!"

서식지
멕시코만,
서대서양 심해
(1000m 정도)

몸길이 40cm

유즐동물

빗해파리

붉은빛을 내는 심해 생물

Ctenophora

이동 방법
스스로 헤엄 쳐 이동하기보다는 물의 흐름에 몸을 맡긴 채 깊은 바닷속을 떠다닌다.

해파리로 인한 피해
심해에 서식하기 때문에 사람에게 아무런 해를 주지 않는다고 생각할 수 있지만, 종종 무리를 지어 나타나 발전소 냉각수의 입구가 막히기도 한다.

분 류	무척추동물>유즐동물
먹 이	작은 물고기, 플랑크톤
특 징	같은 빗해파리류인 오이빗해파리에게 잡아먹히기도 한다.

빗해파리는 우리가 흔히 알고 있는 해파리와는 다른 무리의 동물이다. 몸은 풍선 모양이며, 젤라틴 형태로 되어 있다. 전체적인 모습이 머리에 쓰는 감투와 비슷하게 생겨서 감투빗해파리라는 별명이 붙여졌다. 물보다 무겁지만 몸에 나 있는 몇 개의 돌기가 저항 작용을 하여 물속으로 가라앉는 것을 막아 준다.

빗해파리의 몸에는 작은 털이 띠 형태로 나 있다. 햇빛이 드는 얕은 바다로 올라온 빗해파리를 보면, 작은 털이 햇빛을 반사하여 붉은빛을 띤다. 빗해파리는 스스로 빛을 내는 발광 생물이 아니기 때문에 햇빛이 없으면 빛을 낼 수 없다.

어류

블로브피시

세상에서 가장 못생긴 동물

Psychrolutes phrictus

온몸이 말랑말랑한 젤라틴 형태의 물질로 이루어져 있다.

POINT

POINT

커다란 입
몸에 비해 입이 매우 큰 편이며, 입술에는 작은 가시가 나 있다.

| 분 류 | 척추동물>어류>쏨뱅이목 | 먹 이 | 게, 새우, 물고기 |

특 징 심해에서는 커다란 올챙이 같은 모습을 하고 있다.

블로브피시는 몸 전체가 매끈한 피부로 되어 있어서 마치 머리카락이 없는 아저씨의 얼굴처럼 보이기도 한다. 보통 태평양의 심해 2800m 깊이에 살고 있으며, 심해의 높은 수압을 견딜 수 있도록 해파리와 마찬가지로 몸 대부분이 젤라틴 형태의 물질로 구성되어 있다. 그래서 물 밖으로 나오면 흐물흐물하게 축 늘어진다. 근육량이 적기 때문에 물속을 활발하게 돌아다니지는 않는다고 한다.
마치 아저씨 유령과 같은 생김새 때문에 세계에서 가장 못생긴 물고기로 꼽힌다. 살아 있는 채로 포획된 경우가 드물어 생태에 관해서 밝혀진 것이 많지 않다.

어류

붉은입술박쥐고기

바닷속을 걸어 다니는 붉은 입술

Malthopsis lutea

얼굴에 난 털
코와 입 주변에 털이 나 있는데, 이 털이 어떤 역할을 하는지는 알려지지 않았다.

사냥 방법
헤엄을 잘 치지 못해서 모래 속에 숨어 있다가 작은 물고기가 지나가면 잡아먹는다.

분류 척추동물>어류>아귀목	**먹이** 갯지렁이, 새우, 게
특징 지느러미를 이용해 걸어 다니고 헤엄을 잘 치지 못한다.	

붉은입술박쥐고기는 어두운 심해 밑바닥에 서식하는 물고기로 아귀의 일종이다. 이 물고기를 보면 제일 먼저 입술에 눈이 간다. 마치 피가 묻은 것처럼 보이는 새빨간 입술은 사람의 입술과 매우 비슷하다. 코와 입 주변에는 수염 같은 털이 듬성듬성 나 있어 면도하지 않은 심술궂은 남자 어른처럼 보인다.
붉은입술박쥐고기는 이동하는 모습도 생김새만큼이나 특이하다. 납작하고 평평한 몸에 있는 두 개의 가슴지느러미와 두 개의 배지느러미를 다리처럼 사용해, 네 다리로 걷듯이 아장아장 걸어 다닌다. 이마에 툭 튀어나와 있는 변형된 등지느러미를 미끼처럼 사용해 먹잇감을 끌어들인 후 잡아먹는다.

"비켜~! 박쥐고기 나가신다!"

공포를 부르는 새빨간 입!

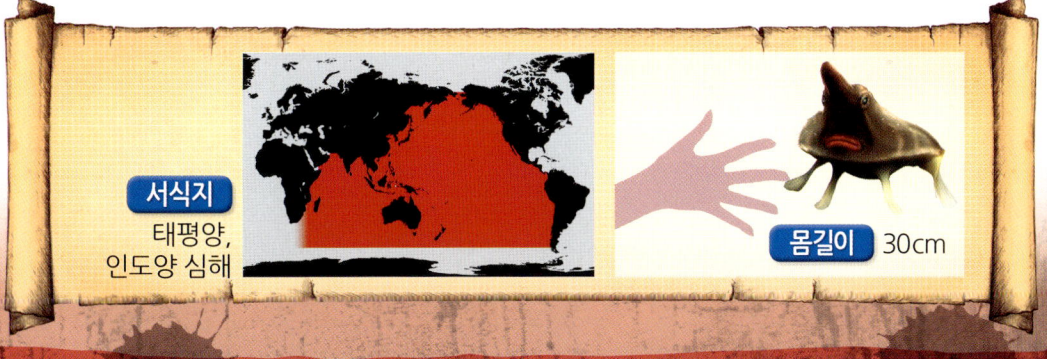

서식지 태평양, 인도양 심해

몸길이 30cm

자포동물

마루스 오르토칸나
어두운 심해를 항해하는 우주선

Marrus orthocanna

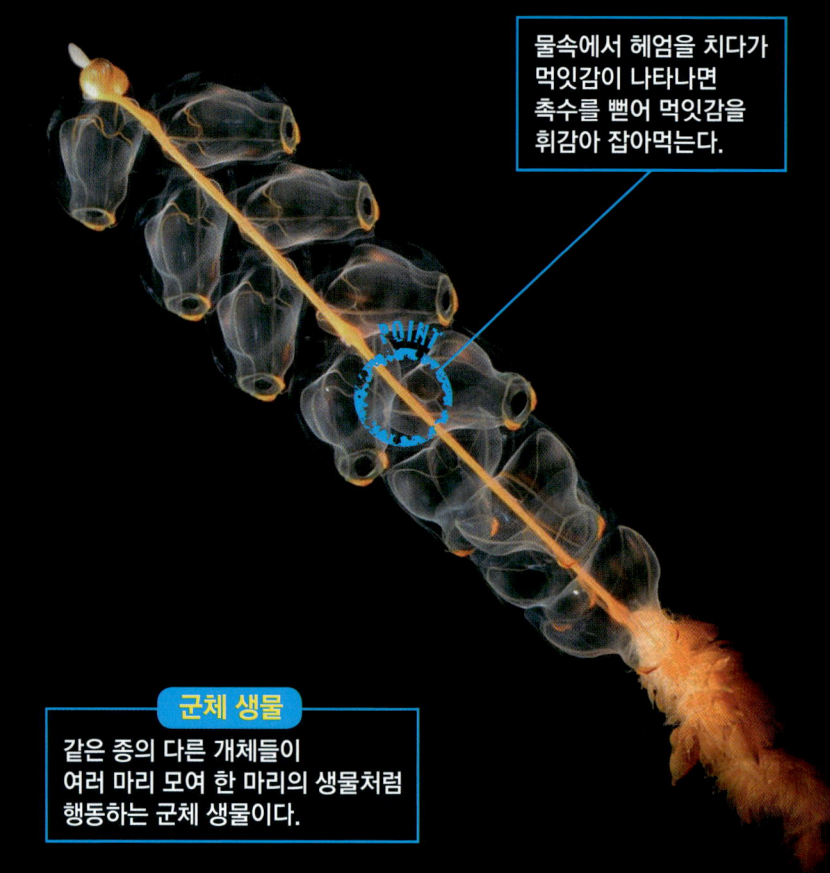

물속에서 헤엄을 치다가 먹잇감이 나타나면 촉수를 뻗어 먹잇감을 휘감아 잡아먹는다.

군체 생물
같은 종의 다른 개체들이 여러 마리 모여 한 마리의 생물처럼 행동하는 군체 생물이다.

분 류 무척추동물>자포동물>관해파리목　**먹 이** 새우, 크릴새우
특 징 몸 안에 채운 물을 한쪽으로 뿜으면서 이동한다.

마루스 오르토칸나는 수심 800m 깊이에서 사는 심해 해파리이다. 심해 생물 중에는 독특한 생김새의 생물이 많은데, 그중에서도 이 해파리의 생김새는 특히 희귀하다. 여러 개의 개체가 모인 군체 생물로, 오렌지빛 줄기에서 종 모양의 개체들이 자라나 붙어 있다. 그리고 끝에는 제트 엔진(연료를 연소시켜 고온 가스를 만드는 열기관)이 불을 내뿜는 듯한 기관이 존재한다.
심해 생물을 우주에 떠다니는 우주선에 비유하는 경우가 많은데, 마루스 오르토칸나야말로 어두운 우주를 항해하는 우주선으로 보인다. 우주인이 지구를 정찰하기 위해 심해로 내려보냈다고 해도 전혀 이상할 것이 없는 모습이다.

"심해 우주선 발사!"

불꽃을 내뿜는 듯한 위장 기술!

서식지: 북극해, 북태평양, 북대서양 심해

몸길이 수 m

연체동물

파란고리문어
강한 독을 가진 심해 표범

Hapalochlaena maculosa

위험한 독
복어의 독으로 유명한 '테트로도톡신'을 지니고 있다. 물리면 사람도 죽음에 이를 수 있다.

POINT
보통의 문어들과 달리 먹물을 뿜는 능력이 없고 빨판이 퇴화되었다.

분 류 무척추동물>연체동물>문어목 **먹 이** 새우, 물고기류
특 징 몸 색깔이 표범과 비슷하여 표범문어라고도 부른다.

파란고리문어는 온몸에 파란 고리 모양의 무늬가 있는 문어이다. 문어는 바다 생물 중에서도 위장 능력이 뛰어난 생물로 알려져 있다. 파란고리문어도 다른 문어처럼 주변의 풍경에 맞춰 몸의 색깔을 변화시켜 위장할 수 있다.
그런데 파란고리문어에게는 다른 문어와 크게 다른 점이 있다. 바로 외부 자극에 적극적으로 대응하는 습성이다. 자극을 받아 흥분하면 고리 무늬 모양의 파란색이 더 선명해진다. 자신을 공격하면 위험하다고 경고하는 것이다.
파란고리문어의 침에는 '테트로도톡신'이라는 독성분이 들어 있는데, 죽음에 이르게 할 수도 있는 맹독이다.

어류

풍선장어

무엇이든 빨아들이는 블랙홀

Eurypharynx pelecanoides

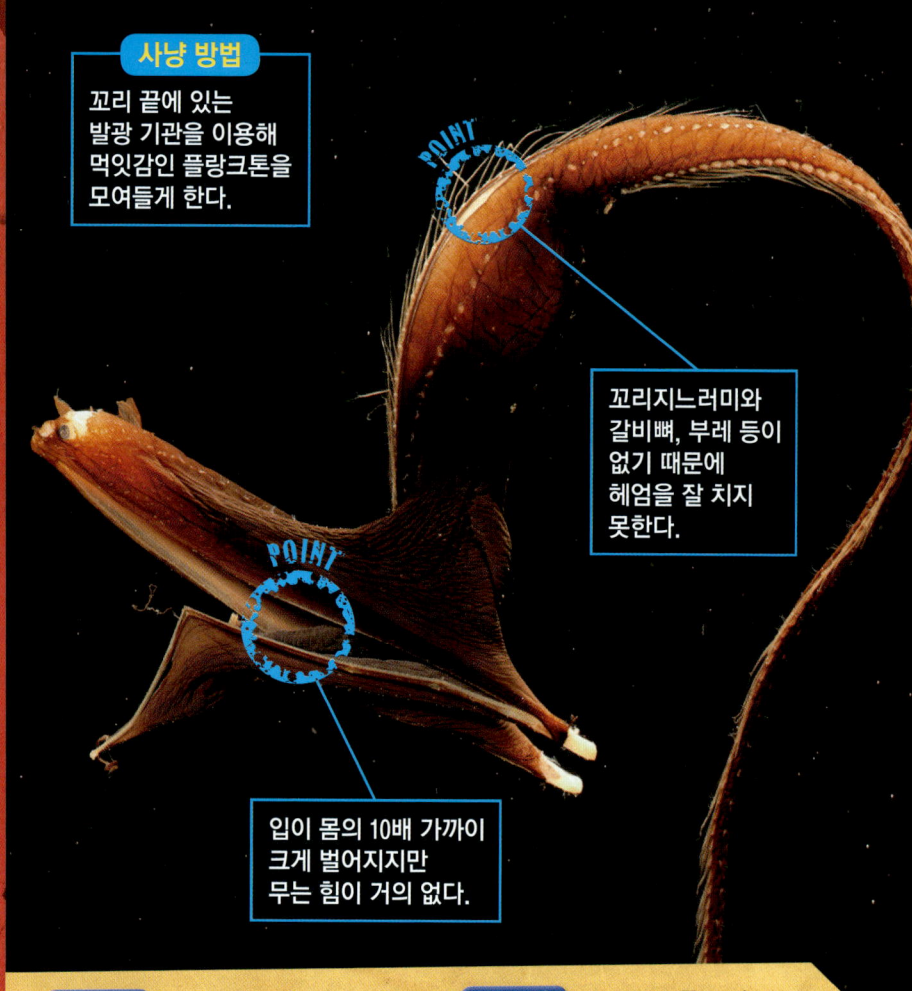

사냥 방법
꼬리 끝에 있는 발광 기관을 이용해 먹잇감인 플랑크톤을 모여들게 한다.

꼬리지느러미와 갈비뼈, 부레 등이 없기 때문에 헤엄을 잘 치지 못한다.

입이 몸의 10배 가까이 크게 벌어지지만 무는 힘이 거의 없다.

분류 척추동물>어류>뱀장어목	**먹이** 게, 새우, 물고기
특징 풍선장어과에는 풍선장어 단 한 종만이 있다.	

장어 무리의 생태는 아직 수수께끼에 싸여 있는 부분이 많다. 그중에서도 풍선장어의 생태는 더욱더 알려진 게 없다. 풍선장어는 심해의 생물답게 아주 작은 눈을 가지고 있다. 그리고 자기 몸의 열 배 가까이 크게 벌어지는 거대한 입도 있다. 하지만 무는 힘이 거의 없고 작은 이빨이 있지만 제 기능을 하지 못한다고 한다.
풍선장어가 입을 크게 벌린 모습은 마치 무엇이든 다 빨아들일 것 같은 블랙홀을 연상시킨다. 하지만 우리의 예상과는 달리 큰 생물은 잡아먹지 못하고, 게나 새우 같은 작은 생물들을 큰 입으로 빨아들이듯이 먹는다.

어류

넓은주둥이상어

거대한 입을 가진 원시 상어

Megachasma pelagios

입 주변이 은색인 이유는 빛을 반사시켜 먹잇감인 플랑크톤을 모여들게 하기 위해서이다.

엄니라 불리는 크고 예리한 이빨이 없으며 아주 작은 이빨만 여러 개 있다.

분류 척추동물>어류>악상어목 **먹이** 플랑크톤, 갯지렁이
특징 몸이 튼튼하고 넓은 머리를 가지고 있다.

넓은주둥이상어는 악상어목에 속하는 상어이다. 몸집이 매우 큰 편이며, 몸의 모양은 앞쪽이 둥글고 뒤쪽으로 갈수록 뾰족한 유선형이다. 이름처럼 입이 매우 거대하여 '큰입상어'라는 별명으로도 불린다. 만약 바다에서 입을 크게 벌린 넓은주둥이상어와 마주친다면 무시움에 벌벌 떨 것이다. 하지만 흉악해 보이는 입안에는 큰 이빨이 없고 몇 mm밖에 되지 않는 아주 작은 이빨만 여러 개 있을 뿐이다. 고래상어처럼 플랑크톤 등의 작은 생물을 먹고 산다.
1976년 하와이의 카네오헤만에서 처음 발견되었으며 생태적으로 아직 밝혀지지 않은 부분이 많은 희귀 상어이다.

"쩌억~! 먹이를 기다리는 거대한 입!"

마주치는 순간 공포에 떨다!

서식지: 전 세계 심해
몸길이: 5.5m

어류

산갈치

심해에 사는 초대형 갈치

Regalecus glesne

재밌는 별명
청어를 잡을 때 함께 잡히는 경우가 있기 때문에 '청어의 왕'이라고 불리기도 한다.

비늘이나 이빨, 부레 등이 없다. 몸을 곧게 늘이고 등지느러미를 파도 물결처럼 움직여 헤엄친다.

분류 척추동물>어류>이악어목　**먹이** 플랑크톤, 갯지렁이
특징 몸을 곧게 늘이고 등지느러미를 움직여 헤엄친다.

산갈치는 심해에 사는 어류이지만, 심한 조류(밀물과 썰물 때문에 일어나는 바닷물의 흐름)에 휩쓸려 우리나라 일본의 해안가에서 발견되기도 한다. 하지만 산갈치의 생태에 대해서는 많이 알려지지 않아 수수께끼에 싸여 있다.
납작한 띠 모양의 몸이 최대 11m나 되며, 은색의 피부에 새빨간 벼슬 모양의 등지느러미가 달려 있다. 배지느러미는 보트에 달린 노에 비유되기도 한다. 배지느러미 끝에 있는 센서로 먹이를 감지하는 것으로 추정된다.
일본에서는 '용궁의 사자'로 불리고, 스칸디나비아반도에서는 청어 떼와 함께 잡힌다고 해서 '청어의 왕'으로 불린다.

"청어 떼여, 나를 따르라!"

붉은 벼슬이 난 청어의 왕!

서식지
전 세계 심해
(1000m 정도)

몸길이 11m

가장 깊은 바다에 사는 생물

수심 200m 이상의 바다를 심해라 부른다. 심해는 햇빛이 닿지 않는 암흑의 세계이지만, 이곳에도 생물이 살고 있다. 이 책에 나오는 심해 생물 가운데 가장 깊은 곳에 사는 생물들을 살펴보자.

 풍선장어

수심 3000m 깊이에서 산다. 매우 작은 눈은 기능을 거의 상실했으며, 입은 자기 몸의 10배나 크게 벌릴 수 있다.

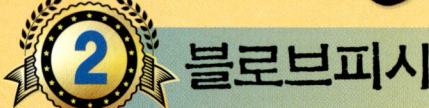 블로브피시

수심 2800m 깊이에서 산다. 온몸이 젤라틴 형태의 물질로 되어 있어 바닷물의 높은 압력을 견딜 수 있다.

 거대등각벌레

수심 1000m 깊이에서 산다. 7쌍의 다리로 바다 밑바닥을 스멀스멀 기어 다니며 물고기의 사체 등을 먹고 산다.

 산갈치

수심 1000m 깊이에 살지만 얕은 바다로 올라오기도 해서 4위에 머물렀다. 자세한 생태에 대해 잘 알려지지 않았다.

 마루스 오르토칸나

수심 800m 깊이에서 사는 관해파리이다. 깜깜한 심해에 떠 있는 모습이 마치 우주를 날아다니는 우주선처럼 보인다.

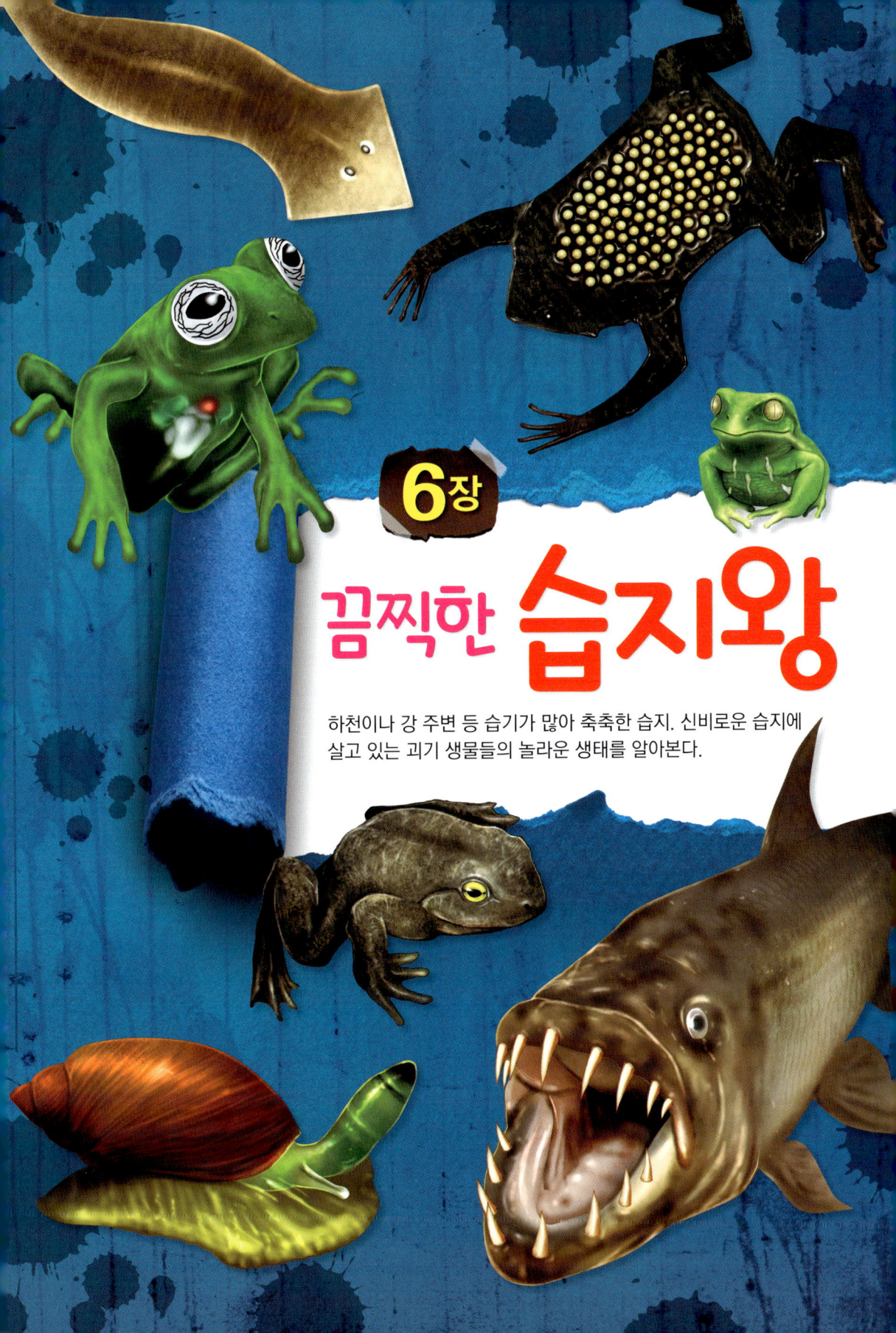

6장
끔찍한 습지왕

하천이나 강 주변 등 습기가 많아 축축한 습지. 신비로운 습지에 살고 있는 괴기 생물들의 놀라운 생태를 알아본다.

양서류

고스트유리개구리

눈으로 최면을 거는 듯한 개구리

Centrolene ilex

몸속이 들여다보이는 반투명의 피부는 주변 풍경과 동화되어 적으로부터 몸을 보호하는 효과가 있다.

빛을 조절하는 눈
눈동자가 충혈된 것처럼 생겼고 눈은 빛을 조절하는 기능을 한다.

분 류 척추동물>양서류>개구리목   **먹 이** 작은 곤충
특 징 2010년에 처음 발견되어 자세한 생태는 알려지지 않았다.

반투명한 피부 때문에 몸속이 들여다보이는 희귀 개구리가 있다. 바로 유리개구리이다. 유리개구리의 라임그린 색 피부는 속이 훤히 들여다보여 내장까지 비친다.
유리개구리 중에서 2010년에 발견된 고스트유리개구리는 내상이 보이는 반투명의 피부 외에도 독특한 모양의 눈동자를 가지고 있다. 고스트유리개구리의 눈동자는 피로가 쌓여서 충혈된 듯한 모양을 하고 있다. 그래서 눈을 마주 보면 최면에 걸릴 것 같은 느낌마저 든다. 고스트유리개구리의 눈에 빛을 조절하는 기능이 있다는 것은 알려져 있지만, 눈동자가 왜 충혈된 듯한 모양을 하고 있는지에 대해서는 밝혀지지 않았다.

"빙글빙글, 내 눈을 바라봐~!"

서식지 중앙아메리카와 남아메리카의 습지대

몸길이 3cm

양서류

골리앗개구리

아프리카에 사는 거대 개구리

Conraua goliath

올챙이의 크기
거대 개구리지만 갓 태어났을 때의 크기는 14mm 정도로 매우 작다.

긴 수명
거대 생물 중에는 수명이 긴 경우가 많은데, 이 개구리도 40년 이상 산 개체가 발견되었다.

분 류 척추동물>양서류>개구리목
먹 이 곤충, 갑각류 등
특 징 식용 등을 목적으로 *난획하여 개체 수가 감소하고 있다.

'골리앗'은 성경에 등장하는 거인의 이름으로, 이름에 골리앗이 붙은 생물들은 거인과 같이 거대한 몸집을 자랑한다. 거대 개구리로는 황소개구리가 유명하지만, 황소개구리는 아무리 커도 몸길이가 최대 20cm이다. 골리앗개구리는 가장 큰 것의 몸길이가 30cm 정도이며, 다리를 쭉 뻗으면 80cm나 된다. 한마디로 골리앗개구리는 세계에서 가장 큰 개구리인 것이다. 골리앗개구리는 몸집이 거대하지만 행동이 둔하지는 않다. 3m 높이까지 튀어 오르는 모습이 그것을 증명한다. 사람 얼굴 크기의 개구리가 하늘 높이 튀어 오르는 모습은 상상만으로도 공포감을 불러온다.

*난획: 짐승이나 물고기를 함부로 잡아들임.

"나처럼 큰 개구리는 처음 보지?"

서식지	카메룬, 적도 기니
몸길이	18~37cm

1 육지
2 곤충
3 비행
4 바다
5 심해
6 습지
7 멸종

어류

골리앗타이거피시

악어도 덮치는 살인 물고기

Hydrocynus goliath

특수한 호르몬
환경에 따라 매우 빠른 속도로 성장할 수 있는 특수한 호르몬을 분비한다.

'베버 기관'이라는 청각 기관으로 소리를 감지한다. 먹잇감이 내는 아주 작은 소리도 감지할 수 있다.

POINT

POINT

식용으로 이용하기도 하며 특히 입술 부위의 고기가 맛있다고 한다.

분류	척추동물>어류>잉어목	먹이	물고기, 파충류 등

특징 어류 최대의 송곳니를 자랑하며, 한번 물면 놓지 않는다.

골리앗타이거피시는 주로 아프리카의 콩고강에서 서식하는 민물고기(강이나 호수에 사는 물고기)이다. 아마존강에 사는 유명한 살인 물고기 '피라냐'와 같은 종으로, 공격성이 피라냐와 바다의 무법자인 상어를 능가한다고 알려져 있다. 골리앗타이거피시의 입은 우리의 상상을 초월할 정도로 흉악하다. 먹잇감을 먹어 치울 때 크게 벌어지는 위턱에는 관절이 없다. 그리고 입속에 있는 무시무시한 송곳니는 호랑이의 이빨처럼 날카로워, 먹잇감의 살점을 쉽게 물어뜯는다. 사람을 공격한 경우도 여러 번 있을 뿐 아니라, 무시무시한 악어를 습격하기도 하는 아프리카의 포식자이다.

크아아~!

뾰족한 송곳니로
공격 개시!

서식지: 아프리카 콩고강, 탕가니카호

몸길이 1.5m

양서류

어둠을 비추는 고양이 눈

유럽무당개구리

Phyllomedusa

밝은 곳에서는 고양이처럼 눈동자의 모양이 세로로 가늘게 수축(부피가 줄어듦)한다.

어두운 곳에서는 눈동자의 모양이 다시 팽창(부피가 늘어남)한다.

소변의 성분
소변을 요산(산성 물질)으로 바꾸어 수분의 배출을 가능한 막는다. 이러한 동물을 '요산배설동물'이라고 한다.

분 류 척추동물>양서류>개구리목
먹 이 곤충
특 징 아래쪽에 물웅덩이가 있는 나뭇잎 위에 알을 낳는다.

남아메리카에 서식하는 유럽무당개구리는 청개구릿과의 개구리로 알려져 있다. 유럽무당개구리의 눈은 빛 조절 능력이 뛰어나다. 그래서 밝은 곳에서는 고양이처럼 눈동자의 모양이 세로로 가늘게 수축하고, 어두운 곳에서는 다시 타원형으로 팽창한다. 밤에 활동하는 야행성 동물이기 때문에 어둠 속에서 먹잇감을 사냥하는 데 이러한 눈의 기능이 도움을 준다.
보통의 개구리는 피부 전체에서 물을 흡수하여 몸의 수분을 유지하지만 유럽무당개구리는 입으로 직접 물을 마신다. 또한 피부에서 왁스 형태의 액체를 분비하여 몸 전체를 감싸 피부의 수분 증발을 예방한다.

"찌릿! 고양이인 줄 알았지?"

깜깜한 어둠 속 사냥의 달인!

서식지 남아메리카 삼림 지대 (일부 지역 제외)

몸길이 7cm

153

양서류

피파개구리
등에 알을 품는 희귀 개구리

Pipa pipa

알을 낳기 전 암컷의 등은 스펀지처럼 변하며 여기에 100개 정도의 알을 넣어 둘 수 있다.

새끼는 개구리의 형태를 갖출 때까지 어미의 등에서 떨어지지 않는다.

앞다리로 먹잇감을 감지할 수 있다. 먹이가 앞다리에 닿으면 바로 입으로 가져간다.

| 분류 | 척추동물>양서류>개구리목 | 먹이 | 지렁이, 물고기 등 |

특징: 뒷다리에 있는 큰 물갈퀴를 이용해 빠른 속도로 헤엄친다.

피파개구리는 남아메리카의 아마존강에서 사는 개구리로 마치 만세를 부르는 것처럼 두 앞다리를 앞으로 쭉 뻗고 있다. 몸통의 모양이 오각형에 가까우며, 일생의 대부분을 땅 위에 오르지 않고 물속에서 보낸다.
개구리로는 보이지 않을 정도로 평평한 몸을 가지고 있으며, 가장 기이한 모습은 산란(알을 낳음) 시기에 볼 수 있다. 어미는 산란한 알을 등에 묻어 두고, 부화한 새끼는 개구리의 모습을 갖출 때까지 어미의 등에 붙어 있다가 어미의 등을 뚫고 나와 독립한다. 약 100개의 알이 등에 붙어 있는 피파개구리를 본 대부분의 사람들은 혐오감을 느낀다고 한다.

"내 등에는 소중한 알이 있어!"

알을 보호하는 대단한 모성애!

서식지: 아마존강
몸길이: 15cm

편형동물

잘린 부분에서 몸이 자라는 동물

플라나리아
Planaria

머리 부위에 있는 2개의 눈은 빛을 느끼는 정도의 시력만 갖고 있다.

POINT

놀라운 재생 능력
완전히 절단하지 않고 머리 부분을 세로로 자르면, 또 하나의 머리가 생겨난다.

분 류 무척추동물>편형동물	**먹 이** 수생 곤충
특 징 늘어나는 개체에도 동일한 기억이 있다는 연구 결과가 있다.	

플라나리아는 하천이나 호수 또는 과학 실험 시간에 볼 수 있는 동물이다. 플라나리아의 가장 큰 특징은 놀라운 재생 능력이다. 몸을 머리 부분과 꼬리 부분, 두 부분으로 자르면 머리에서는 꼬리가, 꼬리에서는 머리가 다시 생긴다. 이렇듯 몸의 어느 부위를 자르더라도 잘려 나간 부위가 다시 생기는 놀라운 능력이 있다. 절반으로 잘리든 다섯 부분 이상으로 잘리든 무한하게 재생된다. 또한 머리가 잘려 나가도 뇌 부분을 재생시켜 이전의 기억을 잃지 않는다는 연구 결과도 있다. 이러한 놀라운 재생 능력이 인류에게 해를 끼치는 생물에게 주어지지 않았다는 사실이 참으로 다행이다.

"꿈틀꿈틀, 계속 생겨나는 몸!"

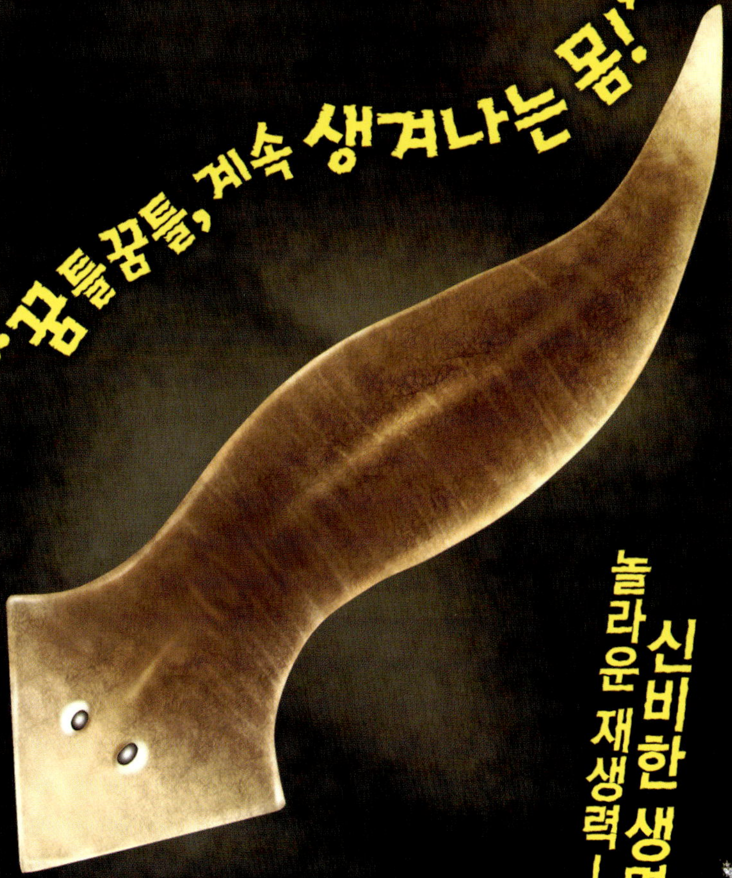

놀라운 재생력! 신비한 생명체!

서식지 전 세계 하천과 호수

손가락

몸길이 2~3cm

1 육지
2 곤충
3 비행
4 바다
5 심해
6 습지
7 멸종

연충류

레우코클로리디움 파라독섬

다른 생물의 뇌를 지배하는 기생충

Leucochloridium

달팽이의 몸속에서 성장한 후에는 달팽이의 더듬이로 이동한다.

기생 생활
새에게 먹혀 새의 몸속에 기생하다가 알을 낳는다. 알은 새똥과 함께 배출되어 새똥을 먹은 달팽이의 몸속에 기생한다.

POINT

| 분 류 | 무척추동물>연충류 | 먹 이 | 달팽이 영양분 |

특 징 다른 생물에 붙어서 영양소를 섭취하며 사는 기생 생물이다.

레우코클로리디움 파라독섬은 달팽이의 몸에 기생하는 기생충이다. 달팽이는 어둡고 습한 곳을 좋아해 주로 돌 밑이나 논밭에서 산다. 레우코클로리디움 파라독섬은 이런 달팽이의 뇌를 조종하여 밝은 곳으로 가게 만든다. 이때 달팽이의 더듬이로 이동해 애벌레와 같은 모습을 연출하는데, 꿈틀대며 움직이는 모습이 매우 기괴하다.

레우코클로리디움 파라독섬이 달팽이를 조정하는 이유는 달팽이를 새의 눈에 띄어 잡아먹히게 하려는 것이다. 그런 후에 새의 몸속에서 알을 낳고, 그 알이 새똥으로 배출되었다가 새똥을 먹은 달팽이의 몸속으로 들어가 자라게 된다.

"내 마음대로 조종할 테야!"

잔인한 지배자! 달팽이를 조종하는

서식지: 유럽, 미국

손가락

몸길이: 수 mm

가장 끈적거리는 생물

끈적이는 점액은 생물의 피부를 보호하고 적을 공격하는 무기로도 사용된다. 온몸이 점액으로 덮여 있거나 젤라틴 형태로 되어 있어서 끈적거리고 미끄러운 동물들을 알아보자.

1 블로브피시

끈적이는 점액을 내뿜지는 않지만, 젤라틴 형태로 된 몸이 매우 미끌미끌해서 이 분야의 1위에 당당히 올랐다.

2 칠성장어

물고기들은 대부분 비늘로 둘러싸여 있지만, 칠성장어는 비늘 대신 끈적끈적한 점액으로 덮여 있다.

3 큰닻해삼

보통의 해삼과는 생김새가 다르다. 몸길이가 3m나 되는 꿈틀거리는 몸은 머리가 없는 바다뱀을 연상시킨다.

4 플라나리아

온몸이 끈적이는 점액으로 둘러싸여 있어서 매우 미끄럽다. 실험을 위해 플라나리아를 자를 때는 단단히 붙잡아야 한다.

5 작은부레관해파리

작은부레관해파리를 만지면 끈적거릴 뿐만 아니라 바늘에 찔린 듯한 통증을 겪거나 호흡 곤란에 빠질 수도 있다.

7장
신기한 멸종왕

고생대 시대의 동물부터 신생대 시대의 공룡까지 지금은 사라지고 없는 미스터리한 멸종 동물들을 소개한다.

절지동물

오파비니아 레갈리스
5개의 눈을 가진 멸종 동물
Opabinia regalis

머리에 5개의 눈이 있다. 눈이 5개인 이유는 아직 밝혀지지 않았다.

POINT

유일한 종
비슷한 생물이 발견되지 않아 오파비니아속의 유일한 종으로 보고 있다.

분류	무척추동물>절지동물
먹이	다른 동물
특징	몸통 아래에 작고 부드러운 다리가 달려 있다.

*고생대에 속하는 6개의 기(시대) 가운데 첫 번째인 캄브리아기에 살았던 동물이다. 지금으로부터 약 5억 4,200만 년 전인 캄브리아기에는 다양한 생물들이 폭발적으로 생겨났는데, 이를 가리켜 '캄브리아 대폭발'이라고 한다. 오파비니아 레갈리스가 저음 논불학회에서 발표되었을 때 학회장은 웃음바다가 되었다. 가늘고 긴 몸통, 수많은 지느러미와 아가미, 머리로 보이는 부위에 있는 5개의 눈과 길게 뻗어 나와 있는 촉수 등의 생김새가 매우 독특했기 때문이다. 촉수를 입으로 생각하는 경우가 많은데, 이것은 입이 아니며 코끼리의 코처럼 먹잇감을 감싸기 위한 용도로 사용되었다.

*고생대: 약 5억 4,200만 년 전부터 약 2억 5,200만 년 전에 이르는 기간.

"코끼리 코처럼 생겼다고?"

촉수를 뻗어 먹이를 사로잡다!

화 석
캐나다
(바제스 셰일층)

몸길이 7cm

1 육지
2 곤충
3 비행
4 바다
5 심해
6 습지
7 멸종

절지동물

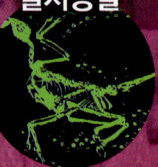

아노말로카리스 카나덴시스
캄브리아기 바다의 절대 왕자

Anomalocaris canadensis

화석 발견
처음에 일부 화석이 발견되었을 때는 다른 동물로 추정되었다. 지금의 형태가 되기까지 100년 정도가 걸렸다고 한다.

머리 밑에 동그란 모양의 입이 있으며 그 주변에 이빨이 빽빽이 나 있다.

분류 무척추동물>절지동물	**먹이** 다른 동물
특징 아노말로카리스는 라틴어로 '괴상한 새우'라는 뜻이다.	

캄브리아 대폭발로 다양한 생물이 출현한 캄브리아기! 아노말로카리스 카나덴시스는 캄브리아기를 대표하는 동물로, 몸통에서 뻗어 나온 수많은 지느러미를 노처럼 움직이며 캄브리아기의 바다를 우아하게 헤엄쳤다. 머리에는 두 개의 눈과 가시가 난 집게발이 달려 있으며, 이 집게발로 먹잇감을 잡았다고 한다. 캄브리아기에 살았던 대부분의 생물은 몸길이가 수 mm에서 수 cm로 작은 편이었지만, 아노말로카리스 카나덴시스는 몸길이가 최대 1m나 되는 거대한 몸집을 가졌다. 캄브리아기 최강이자 최대 포식자로서, 당시 생태계 먹이 사슬의 꼭대기에 있었던 위협적인 존재이다.

"바다의 왕자, 나가신다!"

최강 포식자! 캄브리아기

화석	몸길이
캐나다 (버제스 셰일층)	수십 cm ~ 1m

유조동물

할루키게니아
걸어 다니는 가시 방망이

Hallucigenia

등에 있는 14개의 가시를 이용해 적으로부터 몸을 보호했을 것으로 추정된다.

가늘고 길쭉한 몸통 앞에 2개의 눈과 입이 달린 얼굴이 있다.

처음에는 다리 부분이 입이라고 생각하고 등에 난 가시를 움직여 걸어 다녔다고 추측했었다.

분 류	무척추동물>유조동물	먹 이	다른 동물의 사체 등
특 징	발톱벌레 등이 속한 유조동물의 조상에 해당한다.		

캄브리아기에 살았던 독특한 생김새의 생물 중에서도 가장 눈에 띄는 특징을 가진 생물이 할루키게니아다.
할루키게니아는 가늘고 긴 몸통에 더 가늘고 긴 일곱 쌍의 다리가 있고, 등에는 일곱 쌍의 뾰족한 가시가 돋아 있다. 언뜻 보면 어디가 위고 아래인지, 어디가 앞이고 뒤인지 구분이 되지 않는다. 실제로 처음 화석이 발견됐을 당시에는 위아래를 뒤집은 모양으로 동물학회에서 발표되었다. 그러다가 중국에서 화석이 발견되면서 지금의 형태가 되었다고 한다. 할루키게니아는 라틴어로 '유혹하는 것'이란 뜻으로, 그 이름에 걸맞게 수많은 사람들이 할루키게니아의 매력에 빠져들었다.

"어디가 위고 어디가 아래지?"

괴기생물! 14개의 가시가 달린

화석: 캐나다(버제스 셰일층), 중국
손가락 / 몸길이 3cm

1 육지
2 곤충
3 비행
4 바다
5 심해
6 습지
7 멸종

연체동물

위왁시아
땅 위를 기어 다니는 솔방울
Wiwaxia

비늘의 빛깔
비늘이 빛을 반사시켜 CD 뒷면처럼 보는 각도에 따라 몸 빛깔이 달라지는 '구조색'을 지녔다.

몸에 난 돌기는 적으로부터 몸을 보호하기 위한 것으로 추정된다.

분 류	무척추동물>연체동물
먹 이	알려지지 않음.
특 징	*치설이 확인되어 연체동물로 분류되었다.

위왁시아는 캄브리아기에 살았던 생물이다. 같은 시대에 살았던 할루키게니아도 독특하게 생겼지만, 위왁시아는 생물이라고 생각하기 어려울 정도로 매우 특이하게 생겼다. 언뜻 보면 솔방울과 비슷하게 생겼으며, 온몸이 비늘에 둘러싸여 있다. 몸통 양옆에는 칼과 같은 일곱 쌍의 돌기가 뒤로 솟아 있으며 이 돌기로 몸을 보호했다는 의견도 있다. 몸통 밑에 있는 다리를 움직여 스멀스멀 기어 다닌 것으로 보인다.
위왁시아의 온몸을 둘러싼 비늘에는 규칙적으로 가는 홈(오목하고 길게 팬 줄)이 나 있고, 비단벌레의 앞날개와 마찬가지로 '구조색'을 띠었을 것으로 추정된다.

*치설: 연체동물의 입안에 있는 줄 모양의 기관.

"몸이 자라면서 가시도 커져!"

날카로운 가시로 방어하다!

화 석
러시아, 중국, 캐나다

몸길이 6cm

7 멸종

공룡류

미크로랍토르
두 쌍의 날개를 가진 공룡

Microraptor

앞다리와 뒷다리에 있는 날개를 펼치고 날았다고 한다.

지구상의 동물 중에서 유일하게 뒷다리에도 날개가 달렸다.

분류 척추동물>공룡류 **먹이** 물고기, 작은 동물
특징 지금까지 발견된 공룡 중에서 몸집이 가장 작다.

미크로랍토르는 *중생대 백악기(약 1억 4,500만 년 전~6,600만 년 전) 전기에 살았던 공룡으로, 이름에는 '작은 약탈자'라는 의미가 담겨 있다. 현존하는 생물까지 포함한 지구상의 모든 동물 중에서 유일하게 네 다리에 모두 날개가 달렸다. 이러한 신체 구조상 네 다리로 달리기가 어려웠기 때문에 날개를 쭉 편 채 바람을 타고 활공하듯 나무와 나무 사이를 날아다녔을 것으로 추정된다. 공룡이 날 수 있게 된 과정에 관해서는 달리다가 뛰어오르는 '질주 이륙설', 나무 위에서 뛰어내리는 '수상 하강설' 등이 있다. 미크로랍토르의 화석 발견과 생태 연구를 통해 '수상 하강설'의 가능성이 높아졌다고 한다.

*중생대: 약 2억 5,200만 년 전부터 약 6,600만 년 전에 이르는 기간.

작은 약탈자!
공룡 세계의

- 화석: 중국
- 몸길이: 40~80cm 

1 육지
2 곤충
3 비행
4 바다
5 심해
6 습지
7 멸종

포유류

메가테리움

육중한 초특급 몬스터

Megatherium

앞니가 없고 볼 안쪽에 있는 어금니로 식물을 으깨어 먹었다.

앞다리의 갈고리발톱으로 나뭇가지를 잡아당겨 나뭇잎을 따 먹었다.

분 류	척추동물>포유류>빈치목
먹 이	식물
특 징	튼튼한 꼬리와 뒷다리로 상체를 일으킬 수 있었다.

메가테리움은 약 164만 년 전~1만 년 전에 아메리카 대륙에 살았던 나무늘보이다. 지구상에서 가장 큰 나무늘보로, 몸길이는 최대 6m나 되고 몸무게는 3t(톤)이나 나갔다. 몸길이가 50~60cm인 현존하는 나무늘보와는 비교가 되지 않을 정도로 거대했다. 복원도(없어진 동물, 물건 등을 옛모습대로 나타낸 그림)를 보면 나무늘보라기보다는 한 마리의 북극곰과 같다. 거대한 몸집을 보면 매우 사나울 것 같지만 인류가 나타난 뒤에는 사냥의 대상이 되기도 했다. 거대한 몸집 때문에 오늘날의 나무늘보처럼 나무에는 오르지 못하고 땅 위에서 어슬렁어슬렁 걸어 다니며 생활했을 것으로 추정된다.

"어슬렁어슬렁, 잘 걸어 다녀!"

코끼리만큼 거대한 슈퍼 나무늘보!

화석 아메리카

몸길이 6m

포유류

플라티벨로돈
주걱턱이 달린 고대 코끼리
Platybelodon

엄니
앞에 있는 엄니에 닮은 흔적이 있는 것으로 보아, 엄니로 나뭇가지를 잘라 먹었을 것으로 보인다.

아래턱으로 풀이나 수초를 퍼 올린 뒤, 코를 비처럼 사용해 입안으로 쓸어 넣었다.

| 분 류 | 척추동물>포유류>장비목 | 먹 이 | 나뭇잎 |

특 징 현존하는 코끼리보다는 몸집이 작은 편이었다.

플라티벨로돈은 *신생대 신제3기(약 2,300만 년 전~500만 년 전)에 살았던 동물이다. 기다란 코를 보면 코끼리의 일종이라는 것을 한눈에 알아볼 수 있다.
코끼리의 코가 길게 진화한 것은 기린의 목이 길어진 것과 같은 이유로 추정된다. 초식 동물은 육식 동물의 먹잇감이 되기 때문에 물가에서 물을 마실 때도 서서 마셔야 할 정도로 늘 긴장하고 있어야 한다. 물이나 나뭇잎을 좀 더 편하게 먹을 수 있도록 목이나 코가 길게 진화한 것이다.
플라티벨로돈의 아래턱은 길쭉한 주걱턱 모양이다. 아래턱 끝에 있는 엄니로 나뭇잎을 파내고 주걱턱으로 퍼 올렸다고 한다.

*신생대: 약 6,600만 년 전부터 현재에 이르는 기간.

나뭇잎을 퍼 올리는 거대한 턱!

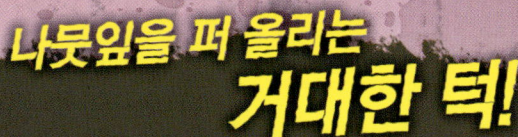

화 석
아시아, 유럽, 아프리카, 북아메리카

몸길이 4m

어류

헬리코프리온
회전 톱날 이빨을 가진 상어
Helicoprion

빠지지 않는 이빨
보통의 상어는 이빨이 빠지고 계속해서 다시 나지만, 이 상어의 이빨은 빠지지 않는다.

동종
현존하는 생물 가운데 심해에 사는 은상어와 가장 가까운 동물로 추정된다.

분류	척추동물>어류
먹이	앵무조개, 암모나이트
특징	이름에 '나선형의 톱날'이라는 의미가 담겨 있다.

헬리코프리온이 살았던 약 2억 5,000만 년 전에는 바다에 사는 어류의 70%가 상어였을 정도로, 상어가 번성했던 시대이다. 특히 헬리코프리온은 상어 중에서도 희귀한 상어로 불리었으며, 그 이유는 바로 치열(이가 죽 박혀 있는 열의 생김새) 때문이다. 헬리코프리온의 화석을 보면 마치 암모나이트와 같은 모양을 하고 있다. 가지런한 치열이 나선 모양으로 말려 있는 것이다. 그리고 헬리코프리온의 이빨은 보통의 상어와는 달리 새 이빨이 나도 오래된 이빨이 빠지지 않았다고 한다. 헬리코프리온의 먹이인 앵무조개와 암모나이트는 나선 모양의 치열을 지나면서 작게 잘려져서 입안으로 옮겨졌을 것으로 추정된다.

조류

티타니스 Titanis
공룡 멸종 후 왕좌에 오른 새

날개 끝에 갈고리모양의 발톱이 있어서 사물을 움켜쥘 수 있었다.

무거운 몸을 지탱하는 튼튼한 다리로 매우 빨리 달릴 수 있었다.

분류 척추동물>조류>느시사촌목
먹이 알려지지 않음.
특징 300만 년 전, 남아메리카에서 북아메리카로 이동했다.

티타니스는 약 40만 년 전까지 아메리카 대륙에 살았던 조류이다. 육식성 동물이며, 당시에는 생태계 먹이 사슬의 최상위 포식자로 육식성 포유류와 경쟁했을 것으로 추정한다.
거대한 머리에 있는 갈고리 모양의 부리와 날개 끝에 있는 갈고리발톱으로 사물을 움켜쥘 수 있었다. 몸길이는 2m를 넘었으며 몸무게도 150kg이나 될 정도로 몸집이 거대했다.
티타니스는 날지 못했지만 튼튼한 다리로 무서울 정도로 빨리 달릴 수 있었다. 그래서 아무리 재빠른 동물도 놓치지 않고 잡을 수 있었다. 만약 티타니스가 사람을 덮치게 된다면 사람은 잠시도 버티지 못하고 죽음을 맞이할 것이다.

"날개가 작다고 얕보지 마!"

먹잇감을 움켜쥐는 갈고리 발톱!

화 석
아메리카

몸길이 2.5m

포유류

암블로세투스

네 다리로 헤엄치는 고래

Ambulocetus

닮은 동물
고래로 분류되지만 생김새는 악어에 가깝다. 온몸에 털이 나 있었다.

POINT 머리가 악어 머리처럼 생겨서 포식자인 대형 포유류와의 격투도 가능했다고 한다.

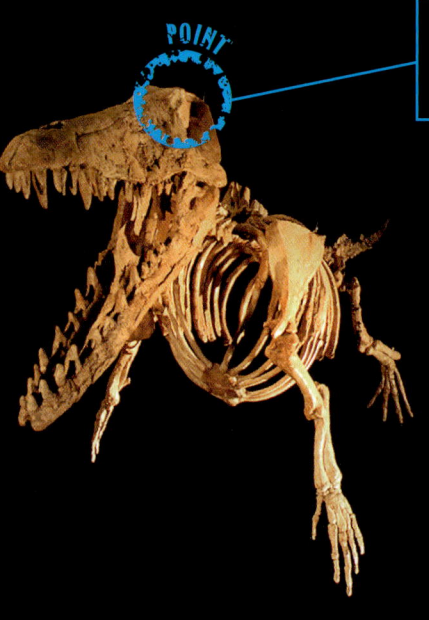

분 류 척추동물>포유류   **먹 이** 육상 포유류
특 징 암블로세투스는 '걸어다니는 고래'라는 뜻이다.

암블로세투스는 지금으로부터 약 5,000만 년 전에 살았던 고래의 일종이다. 고래의 일종이지만 현재의 고래와는 다른 점이 있었다. 암블로세투스는 온몸에 털이 나 있고 네 개의 다리를 가지고 있었다는 점이다. 네 개의 다리를 이용해 헤엄쳤으며, 그중 뒷다리에는 물갈퀴가 존재했을 것이라고 추정된다.

암블로세투스가 현재의 고래와 다른 점은 또 있다. 바닷속에서 생활했지만 주요 먹이는 물고기가 아니었다는 점이다. 육지에서 가까운 얕은 바다에 몸을 숨기고 있다가 바닷가로 다가온 육상 포유류를 습격해 잡아먹었다고 한다.

먹잇감을 향해 수면 위로 돌격!

"털도 있고 다리도!"

화석
파키스탄

몸길이 3.5m

1 육지
2 곤충
3 비행
4 바다
5 심해
6 습지
7 멸종

가장 거대한 생물

이 책에 등장하는 몸집이 큰 생물들은 대부분 고대에 살았다. 고대에는 지금보다 산소의 양이 많았고 에너지를 얻기 쉬웠으며, 무엇보다 인간이라는 사냥꾼이 없었기 때문이다.

1 메가테리움

몸길이 6m, 몸무게 3t(톤)의 거대 나무늘보로, 북극곰처럼 생겼다. 현존하는 나무늘보의 10배나 된다고 한다.

2 플라티벨로돈

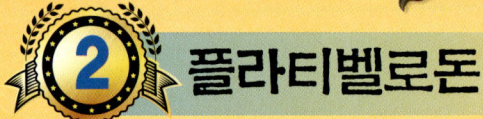

몸길이가 4m나 되는 고대 코끼리다. 코로 먹이를 입에 집어넣는 모습은 건설 현장의 굴착기를 보는 듯하다.

3 암블로세투스

몸길이 3.5m에 4개의 다리가 있는 고래의 일종이다. 이름에 '걸어다니는 고래'라는 뜻이 담겨 있다.

4 헬리코프리온

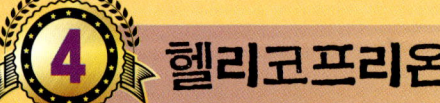

몸길이 3m의 원시 상어이다. 헬리코프리온은 그리스어로 '나선형의 톱날'이라는 뜻이며, 이름처럼 턱과 이빨이 독특하다.

5 티타니스

몸길이 2.5m, 몸무게 150kg의 새이다. 날지는 못했지만 튼튼한 다리로 재빠르게 움직이며 먹잇감을 사냥했다.

가장 별나게 생긴 생물

생물의 생김새는 주어진 환경에 적응하며 변화한 결과이다. 그런데 보면 볼수록 독특하고 왜 그렇게 변화했는지 이해할 수 없는 동물들이 있다. 이 책에서 가장 별나게 생긴 동물들을 찾아보자.

 **할루키게니아**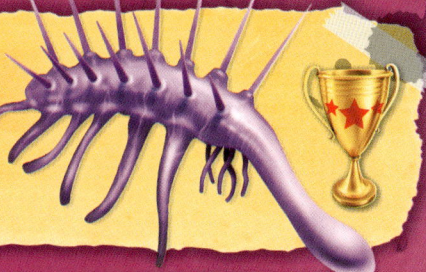

가늘고 긴 몸통에 7쌍의 가시가 나 있다. 지구상에 진짜 살았었는지 믿기 어려운 생김새로 1위를 차지했다.

  **오파비니아 레갈리스**

머리에 눈이 5개 달렸다는 사실도 매우 독특하지만, 코끼리 코처럼 생긴 촉수가 길게 뻗어 있는 점도 놀랍다.

 **네혹뿔매미**

머리에 4개의 혹이 나 있다. 생활하는 데 방해가 될 것처럼 보이는 이 혹의 기능은 아직 알려지지 않았다.

  **기린목바구미**

곤충 중에 가장 긴 목을 자랑한다. 목 길이가 몸길이의 70%를 차지하는 기린목바구미의 모습은 볼수록 별나고 신기하다.

 **대눈파리**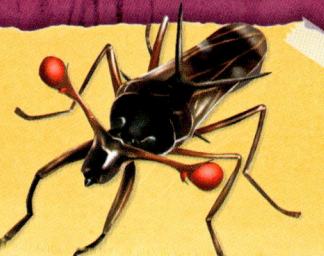

눈자루가 양옆으로 길게 튀어나와 있다. 암컷에게 구애할 때 수컷들은 누구의 눈자루가 더 긴지 겨룬다고 한다.

색인

ㄱ
가시거미 ---------- 46
거대등각벌레 ---------- 126
겔라다개코원숭이 ---------- 14
고스트유리개구리 ---------- 146
골리앗개구리 ---------- 148
골리앗타이거피시 ---------- 150
공작갯가재 ---------- 114
그리마 ---------- 40
기린목바구미 ---------- 38
긴뿔도깨비거미 ---------- 34

ㄴ
나뭇잎해룡 ---------- 120
낙타거미 ---------- 58
넓은주둥이상어 ---------- 140
네혹뿔매미 ---------- 82
노란풀양목갯지렁이 ---------- 90

ㄷ
대눈파리 ---------- 72
도끼고기 ---------- 104
동굴도롱뇽붙이 ---------- 24

ㄹ
레우코클로리디움 파라독섬 ---------- 158
렉사넬라 베루코자 ---------- 102

ㅁ
마다가스카르휘파람바퀴 ---------- 60

ㅁ
마르스 오르토칸나 ---------- 134
메가테리움 ---------- 172
멕시코몰리자드 ---------- 12
미크로랍토르 ---------- 170

ㅂ
바다사슴벌레 ---------- 88
발톱벌레 ---------- 36
벌거숭이뻐드렁니쥐 ---------- 20
별코두더지 ---------- 22
붉은입술박쥐고기 ---------- 132
블로브피시 ---------- 130
빗해파리 ---------- 128

ㅅ
사르케스틱 프린지헤드 ---------- 108
사막뿔도마뱀 ---------- 18
산갈치 ---------- 142
서양좀 ---------- 66
선녀벌레유충 ---------- 52

ㅇ
아노말로카리스 카나덴시스 ---------- 164
아마존왕지네 ---------- 56
아이아이원숭이 ---------- 10
아틀라스산누에나방 ---------- 84
아프리카자이언트노래기 ---------- 30
악마꽃사마귀 ---------- 48
악어머리뿔매미 ---------- 80
악어물고기 ---------- 92
암블로세투스 ---------- 180